元銀行員の資金繰りコンサルタント
小堺 桂悦郎
Keietsurou Kozakai

元銀行員が教える

おカネを借り続ける経営

至上最強の戦略的借金マニュアル

かんき出版

はじめに　なぜ、借りたカネは返せないのか？

この20数年、ずっと疑問に思っていることがあります。

その疑問というのは、

「なぜ銀行は返せないのが明らかなのに、融資をしてくれるのだろうか？」

ということ。

書き間違いでも、読み間違いでも、まして印刷の際の誤植でもありません。少し言い方を変えてみましょう。今から20数年前、銀行の融資係になったばかりのワタシは単純な疑問を抱きました。

「どうして返済可能な決算書じゃないのに融資をしてもいいのだろうか？」

簿記2級の資格も取ったし、銀行業務検定試験も3級までは合格したし、いろんな研修も受けさせられました。でも、私が勉強不足だったのでしょう。その疑問への明快な答えを見つけられないまま、過去の似たような案件の稟議書を探し出しては真似して書いていました。

おそらく決算書の仕組みには、何か私の知りえない秘密があるのだろう、当時の私には見出せなかった決算書の見方の秘訣があるのだろうと思いました。

でも、税理士事務所に転職して、自ら決算書を作成する仕事をするようになっても、そんな秘訣は見つけられませんでした。

ベストセラーを出しても謎だらけ

自分の中で絶対的な自信が持てないままでのコンサルタントとしての独立は、正直怖かったです。まして、ベストセラーとなった『なぜ、社長のベンツは4ドアなのか？』をはじめとする著書を出すようになって、**全国の中小企業から相談を寄せられるようになると、内心かなりのヒヤヒヤもの**でした。

でも、そのうち、ある確信が湧いてきました。


「ひょっとしたら…銀行はたとえ返せなくても、貸してくれるのかもしれない…」

すみません。断定した書き方をするのを恐れて、あやふやな書き方をしてしまいました。誤解を恐れず言い切りましょう。

銀行は、たとえ返せないような決算書でも融資をしてくれます。

だから、お金は借りられるときに借りておく必要があります。

では、ウソかホントか、これからいっしょに考えてみましょう。

本書では、**「お金を借りる技術」**から**「返す技術」**、さらには**「借金を返さないで経営する技術」**まで、他の人が絶対に教えてくれないことを書いています。

2つの制度が終了してしまう！

さらに、私が本書で言いたいのは、

- **東日本大震災復興緊急保証制度が来年（2013年）3月で終了**
- **返済猶予制度（金融円滑化法）の期限が来年（2013年）3月31日まで**

という2つの制度が終了することです。これによって、**アナタの会社がいよいよ危**

なくなる可能性が出てきました。

「円高だ」「世界不況だ」ってなると、中小企業のことをまるで不幸にでも見舞われたように、今までの政府はこのような保証制度で助けてくれてきましたけど…。

本書を手に取ったということは、アナタにはなにやら思い当たる節があるのではないでしょうか?

でも大丈夫！　今ならまだまだお金を借りることができますから！

ですが、期限は1年以内。欲を言えば、今すぐ動くことができる人がお金を借りることができるのです。

第1章は**「無借金経営の理想と現実」**について述べます。無借金経営が危ない理由と借金経営でうまくいく理由をお教えします！

第2章は**「借りた金は返せなくて当然」**の借金経営について説明します。銀行が貸してくれる「資金繰り」の秘訣をお教えします！

第3章は**「意外と知らない！銀行の本音と銀行員の本音」**を明らかにします。これが理解できれば、銀行や銀行員との交渉はバッチリ、うまく渡りあうことができます！

第4章の**「借り手の返す技術と返さない技術」**はいつまでたっても借金が減らない理由といかに借金を減らすかという角度から説明します！

第5章は**「特別付録　誰も教えてくれない！危機突破マニュアル」**を伝授します！ホントに困ったときに、参考にしてください。この付録がアナタの参考にならないことを願っていますけどね。

それでは、堅苦しい説明はこのへんにしまして、本書に入りましょう。

ホントに使える！　お金を借り続けるための方法を伝授します！

ではページをめくってください。

小堺　桂悦郎

第1章

無借金経営の理想と現実

第2章 借りた金は返せなくて当然

第3章 意外と知らない！銀行の本音と銀行員の本音

第4章

借り手の返す技術と返さない技術

第5章

特別付録 誰も教えてくれない！危機突破マニュアル

第1章

無借金経営の理想と現実

できるだけ借金しないでやってきたけれど…

借金をすることに関して、いろんな考え方をする経営者がいます。

自分は借金するのが大好きで…という経営者の方はそういませんが、借り入れさえできれば…という言葉が出る方は多い。

ここで借り入れさえできれば挽回できる、とか。

このように借り入れすることをポジティブに考えられる人もいれば、中にはネガティブに考える人もいます。

「できるだけ借金しないでやってきたんですけど…」

とうとう借金するような羽目になった…と。

そういうときは「それほど落ち込むようなことではないですよ」と慰めにも励みにもならないようなことをワタシは言うのだが、じつは本音はもうひとつある。

もったいない…。

できるだけ借金をしないでやってきたという会社の決算書を見ると、それまでは黒字だった場合が多い。

もう少し具体的にいうと、前期の決算までは黒字で、今期になって赤字になりそう、もしくは今期の決算を赤字で終えてしまった。

ゆえに、借り入れをせざるをえないような状況になってしまった。

我慢して我慢して、借り入れをしないようにやってきたんだけど、自力の資金繰りではもう限界だ…。

ゆえに、相談を受けるワタシとしては、もったいない、あと1年早く、いや、せめて赤字の決算書が出来上がる前なら、悩まずに借り入れできただろうに、と思うわけです。

借金するの、嫌いですか?

こういうケースは、すでに銀行に融資の申し込みをしてみたものの、色よい返事をもらえなかったような場合が多い。

もしすんなりＯＫが出たのなら、なにもわざわざワタシに相談する必要がないわけですから。

ここ数年は黒字が続いていて、今期はたまたま赤字になっただけ…だとしたら、なぜ銀行は融資に色よい返事をしないのか？

困ったときに助けてくれるのが銀行ではないのか？

はい、そうではありません。

取引先の企業が、資金繰りに困ったときに助けるように融資をするのが銀行の役目ではないのです。

逆の立場になって考えてみましょう。

ある程度の期間、預金の取引はあるが融資の取引はない。あるいはあったにしてもかなり以前のことで、ここ数年はなかったとしましょう。

当然、融資の担当者はいない。

銀行のデータ上では、かなり久しぶりの融資の申し込みです。提出する決算書は直近の３年分なのですが、２年前までは黒字なのに、前年は赤字…それもまあまあ大きい赤字だったとしたら…。

このままあ大きい赤字を具体的にいうと、債務超過になりそうな赤字のことです。債務超過というのは、資本金を上回るような赤字のことです。

ワタシが担当者なら、うーん…と唸ったあとで、保証協会付きなら…と思うでしょうね。すぐに口にするかどうかはともかくとして。

それも、赤字になるくらいだから、売上が前期より減少していることが多いから、それならば、セーフティネット保証でいくか…と。

そのためには、該当要件をクリアしなければいけないので、その説明をしなければならない。初めて会う取引先に対しての説明となれば、当然、慎重な話し方にならざるをえません。念のために、たとえ条件に該当したとしても、**必ずしも融資がOKとは限らないことも忘れずに付け加えるでしょう。**

銀行から融資を受けることに慣れてない経営者であるならば、とても融資に対して前向きな説明には聞こえないでしょうね。

これがね、何度も融資取引実績のある取引先に対してなら、慎重な話し方にならずに済むんですけどね。

ひょっとして銀行が嫌いですか？

「いつもむこう（銀行）の都合じゃないですか。預金のノルマが足りないときはそれを勧め、融資にしてもこっちが必要なときじゃなくてむこうが貸したいときだけ」

ある程度黒字が続いている企業で、銀行借り入れが少ない会社の社長からよく言われるのがこれです。

決算で黒字が続いていて、資金繰りは順調だなーと実感しているときに、「運転資金はいかがですか？　○○資金がいま金利が低くて…」とか銀行のほうから寄ってくるってわけです。

できるだけ借金しないでやっていこうと努力を続けていて、しかも**黒字が続いているわけですから、そこに「借金いかがですか」とセールスされても、とてもよいお誘**

いには聞こえません。当然、断る。それもうるさいとばかりに。

同じ断るにしても角が立たないような断り方もあるだろうに、えてして銀行員のセールス、まして融資のセールスというのはセールスのプロではないので癇《かん》にさわることが多い。

まして融資という以上は、勧めてきたからといって必ずしも融資がＯＫとは限らない。頼みもしないのに融資を勧めてきて、そこまで言うならと決算書などを提出したら審査が通りませんでした、なんて言われようものなら最悪です。

もう銀行の融資のセールスには応じない！

多かれ少なかれ、長く会社経営をしていると、融資取引に関してこんな経験があることでしょう。ここでハラを立てちゃいけないよとアドバイスしたいところなのですが、これればかりは人それぞれ。

もし、こういった出来事があったりした後の決算で、思わぬ赤字によって資金繰りが苦しくなって融資の申し込みとなったら、銀行との関係はますます硬直化します。

同じ担当者だったりしたら、（だからね、勧めたときに借りておけばよかったじゃないの）と思われているのがよくわかったりします。

借金をすることが嫌いというよりは、銀行が嫌いだったり、銀行員が嫌いだったりしていませんか？

無借金経営なんて見たことない

銀行からお金を借りることは、好きとか嫌いとかで判断することじゃありません。

銀行はお金を貸すこと、融資をすることが仕事、商売です。アナタの会社が小売業か建設業かわかりませんが、それと同じです。

小売業はモノを売るのが商売、製造業はモノを作るのが商売、銀行はお金を預かってそのお金を貸すのが商売です。

でも、銀行からの借り入れに頼った借金経営は嫌だなあ…。

なら逆に、無借金経営ということを考えてみましょう。

うちは**無借金経営なんです…という会社を、ワタシは見たことない**ですね。というより無借金経営の会社の決算書を。

銀行員時代、税理士事務所時代、コンサルタントとしての現在までおよそ二十数年、中小企業の決算書を立場を変えながら見たり作ったりしてきましたが、無借金経営の会社は見たことありません。

無借金経営というのを、専門的な用語で表現してみましょうか。

自己資本経営…それも自己資本比率１００％の。

バランスシート（貸借対照表）で、資産に対し負債がゼロで純資産の部が１００％の会社…ないでしょ、そんなの。

おや？　**借金というのを銀行からの借り入れだけと勘違いしていませんか？**　勘違いというよりは自分で勝手に決め付けていませんか？

たしかに、資産に対して銀行借り入れのウェイトが小さい会社はこれまでも見たことがあります。でも、そのかわりに、支払手形がたくさんあったり、買掛金が大きくなったりしていることが多かったりします。

たとえば建設業の場合だと、前受金（未成工事受入金）がたくさんあって、それで会社の資金繰りが回っていたりして。

こういう場合は借金経営とは言わず、前受金経営とでも言いましょうか。

2つのバランスシートを比べてみよう！

●バランスシート

(当期会計期間末)
単位：千円

資産の部		負債の部	
科目	金額	科目	金額
【流動資産】	【5,200】	【流動負債】	【1,300】
現金及び預金	1,500	未払金	1,300
売掛金	1,200	【固定負債】	【49,900】
商品	2,500	長期借入金	40,000
【固定資産】	【6,000】	役員借入金	9,900
(有形固定資産)	(6,000)	負債の部合計	51,200
建物	6,000		
		純資産の部	
		【株主資本】	【△40,000】
		【資本金】	【3,000】
		【利益剰余金】	【△43,000】
		(その他利益剰余金)	(△43,000)
		繰越利益剰余金	△43,000
		純資産の部合計	△40,000
資産の部合計	11,200	負債・純資産の部合計	11,200

ココが借金の数字

同じ

●無借金経営のバランスシート（こんな会社見たことないですけどネ）

(当期会計期間末)
単位：千円

資産の部		負債の部	
科目	金額	科目	金額
【流動資産】	【5,200】	負債の部合計	0
現金及び預金	1,500		
売掛金	1,200		
商品	2,500	純資産の部	
【固定資産】	【6,000】	【株主資本】	【11,200】
(有形固定資産)	(6,000)	【資本金】	【3,000】
建物	6,000	【利益剰余金】	【8,200】
		(その他利益剰余金)	(8,200)
		繰越利益剰余金	3,200
		純資産の部合計	11,200
資産の部合計	11,200	負債・純資産の部合計	11,200

借金がない!!

資産の合計と純資産の合計が同じ完全無借金経営のバランスシート

銀行から借りたお金だけが借金ではない！
払っていない代金（負債）はじつは借金

でも借金は借金でしょ。

銀行からの借り入れだけが借金じゃありません。なんらかの取引を行って、払っていない代金（負債）すべてが借金でしょう。

要は、銀行を相手に融資を使っているのか、仕入先に対して手形を使っているのか買掛金として経理処理しているのかの違いでしかありません。

もうひとつは、程度の問題です。

程度というのは比率と言い換えてもいいでしょう。

銀行からの融資で資金繰りをするのと、それ以外（仕入れ先への買掛金）でするのと、どちらがいいでしょうか。

資金繰りでよくやる間違いの始まり

たとえばワタシのようなコンサルタント業の資金繰りは簡単です。

売掛金もなければ（お金をもらわなければ仕事をしない）、在庫もない。在庫が必要ないのですから買掛金も当然ない。

設備といえば、机やパソコンなどだけ。選びようではあるが、わざわざ銀行から融資を受けなければならないというほどの金額でもない。

事務所は賃貸マンションで、この敷金というのもいってみれば設備投資のようで、それほど大きい金額ではない。

つまり、コンサルタントとしての損益＝資金繰りです。

ならば、資金繰りで頭を悩ます必要はないかというとそうではない。たしかに計算上は赤字にでもならない限りは資金繰りの必要はないでしょう。

でも、売上の入金と、経費の支払いが同じ日の同じ時刻に行われるわけではないのです。たとえ午後に入金されることがたしかなことであっても、支払いが午前中にしなければならなかったとしたら、それでもう立派な資金ショートですよ。

同じ日というのは極端なたとえに聞こえるのなら、1カ月という期間ではどうでしょう。20日の支払いで入金が月末なんてことは十分にありうるのではないでしょうか。

もし、20日の支払いが手形の決済であったならば、たとえ月末に入金されるのが確実であろうとも、20日にお金がなければ不渡りになります。

一度でも不渡りを出してしまえば、信用を失う。事実上の倒産したも同然です。

なんだ、そんなことか。

だったら、支払日を入金日の後にすればいいじゃないか。月末の入金に対して支払いが20日だからダメなんだ。だったら、支払日は翌月の5日にでもすればいいじゃないか…。

それが、**資金繰りの間違いの始まり**ですよ。

なんとか自力で資金繰りをやろうとしてね。でも、20日の支払いが約束なのに、翌月5日にしてくれなんて言えないような取引先だったらどうします?

自分の会社より大きい会社だったらまずそんなことは頼めない。だったら取引しなくてけっこうです、と言われちゃいますよね。

これができるのは自分の会社より規模の小さい取引先相手、つまり自力でできる資金繰りというよりは、相手の弱みに付け込む資金繰りです。

信用できない紙切れ

こんな紙切れがお金と同じ！

初めて約束手形を見たときのぶっちゃけた印象です。

モノを買っておいて、その支払いは3カ月後？　その約束としてこの紙切れ？

なんだそれ。

不思議ですね、この約束手形を使った取引というのは。

すべては需要と供給の力関係、それ（手形取引）が嫌なら応じなければいいだけの話です。

中には、モノを売って（仕入れて）から、消費者の手に渡るまで数カ月かかるモノもあるでしょう。

その代表例が、建設業です。たとえば一戸建ての住宅などであれば、材料を買ってから完成するまで2、3カ月はかかります。

でもね、そういう長期間にわたる工事の場合は、注文主から手付金（一般的には着手金ともいう）、中間金、最終金というふうに、代金を分割してもらうんですよ。

「だったら、それで仕入れた材料の代金を払えばいいじゃないか」

と、思いませんか。

ワタシはこの二十数年、建設関係の会社の決算書を見るたびに、ずっと思ってましたね。でもね、なぜかそれができないんです。

理由はわかってますよ。

業界の慣習から、手形で取引するのが当たり前。だからなにも考えずに手形を振り出して支払う。

で、注文主から受け取った前受金は、自分の会社の資金繰りに使っちゃう。

別に使っちゃいけないなんて法律はありません。使い込みでもなんでもありません。契約書のどこにも書いてありません。


手形を受け取ったほうも大変です。モノを売ったのはいいですが、お金になるのは数カ月後ですから…さて、どうしましょう？

なんとかこの手形をお金にかえる方法はないものか…手形割引という方法がありま

す。銀行や専門の業者に手形を持っていくと、手数料を差し引いてお金にかえてくれるのです。

あるいは裏書といって、受け取った手形の裏にサインをして、自社の支払先に回したりもできます。

どんどん話は複雑になっていきますし、関係者も増えていきそうです。

すべては、約束の期日にこの約束手形という紙切れが確実にお金にかわるということを、関係者が信じあっているからこそ行われる取引なのです。

なので、期日にお金がなく決済できないとなったら、この約束を破る最大の裏切り行為というわけです。

やめればいいのに手形取引なんて…。

理解できない先日付小切手

税理士事務所時代に真っ先にさせられるのは入力業務です。顧問先の請求書や領収書から取引を会計ソフトに入力していく作業です。業界用語では記帳代行と言います。

その記帳代行の中でも、ワタシがもっとも嫌だったのが、小切手の入力業務。

何が嫌だったかというと、振り出した日と決済される日がほんの数日だけ違ってしまう。振り出して支払いにあてた、つまり領収書の日付は当日なのですが、実際に当座預金から差し引かれる（決済される）のは2、3日くらい先になっている。

その理由はいたって簡単、受け取った人が自分の取引銀行に持ち込んで取り立てに回すわけですから、何日かそこにタイムラグが生じるわけ。

正しい入力の仕方としては、あくまでも振り出した日で入力し、すべて漏れなく決済されたかどうかは当座預金の照合表と1件ずつチェックしていかなければなりません。

21世紀になって早十年、パソコンから振り込みもできるし、近所のコンビニにまでATMがあるこのご時世に、小切手での支払いなんてやめればいいのに…。

これだけならまだしも、**もっと理解できないのが振出日をほんの近い未来に設定した先日付小切手！**

振出日が未来ですよ、信じられますか？　それって手形じゃねえの？　いえいえ、手形じゃないんですよ、あくまでも小切手として。

これは法律ではなにも守られていないし、約束されてもいない守る義務もない商慣習中の商慣習でしょう。

手形を切るほどの金額でもないし、それほど長期間でもない。かといって、明日とか明後日に銀行に取り立てに出されても決済できる資金はない…かといって、なにも渡さないというのでは集金に来た取引先も納得しない…。

苦肉の策ですね。

手形で資金繰りをするのも危険な状態ではありますが、先日付小切手を使うようになると相当な危険というか泥沼状態ですね。

いまだに小切手決済を行っているならば、やめる努力をしましょう。いっそ手形も小切手も使わない…そう決めてしまえば、ならばどうするかということを真剣に考えるようになるものです。

でもね…税金を滞納している場合、当座取引があると、税務署が先日付小切手を切らせるんですよ！　税務署がですよ。

怖いですねー。

個人借り入れはガラス張り

中小企業の経営者が、経営者個人のお金を会社につぎ込むことはよくあることです。創業間もないころであれば、それまで働いてためたお金を会社（お店）の資金に出したり。かくいうワタシもやりました。

自分がためたお金だけで足りないと、親兄弟から借りてきたりもします。**そこまでしなきゃいけないほどお金が足りないなら、独立なんてしないほうがいいんじゃないか**、という声が聞こえてきそうです。

個人事業ではなく会社という形態にしてしまうと、経営者といえども収入は給料、つまりサラリーマンと同じになってしまいます。経営者として会社から受け取れるお金は給料なので、その給料で経営者個人の生活をしなければなりませんし、個人的に蓄えるのもその給料からです。

会社がある程度儲かっている場合は、経営者として給料もたくさん取れるかもしれませんし、蓄えを増やすこともできるでしょう。

しかし、その給料の源泉である会社の業績が苦しくなってくると、当然、給料も減らさなければならない事態に陥ります。

それだけでなく、せっかく個人的に蓄えたお金を会社に資金提供せざるをえない状態になることも珍しくありません。

なんとも複雑な心境になるような話です。

もっと複雑な状況になると、経営者としての給料は経理処理上は計上するものの、なぜか給料を取ることはできずに、未払いのままにするような事態もあります。これは会社経営の経験がないとまったく理解のできない話でしょう。

会社の損益上は給料を計上できるほどの状態ではある、つまり**儲かっている、利益が出てはいるのだが、「実際のお金の収支」では給料を取れる状況ではない**ということです。

じつに複雑怪奇な話です。

もっと状況がおかしくなってくると、経営者個人の蓄えや給料を会社に提供（貸付）するだけではどうにも資金繰りが回らず、経営者個人で借り入れをしてきてまで会社にお金を用立てなければならなくなったりするのです。

会社経営をした経験のない人には、まったく理解不能でしょう。

でも、珍しい話ではありません。じつによくある話です。いや、でしたと過去形で言いましょう。

なぜ過去形になってしまったかというと、個人の借り入れはいまやすべてガラス張りになってしまったからです。

通称「個人信用情報センター」、なんとなく耳にしたことがありますよね。

銀行系、信販系、貸金業系と大きく3つのセンターがあり、それぞれにどこの誰がいくらお金を借りているのか、調べることが可能になっています。

この信用情報センターができるまでは、ある人がどこからいくら借りているのかを調べられる機関というのはありませんでした。

それがいまやガラス張りなのです。もちろん、調べることができるのは当事者本人と本人から了解を得た関係機関のみです。

つまり、個人的にお金を借りようとしてあちこち回って借りたりすると、全部バレちゃいますよということです。

やめましょう、そこまでして自分の会社にお金をつぎ込むのは。だったら、**最初から銀行からお金を借りておきましょうよ**、最初から。

最初から？　最初って、創業する最初から？

最初が一番借りやすい

試しにインターネットの検索サイトで「創業融資」と入れて検索してみましょう。驚くほどの件数があがってきます。いまこうしてこの本の原稿を書きながらヤフーで検索してみたらその数約489万件（2012年6月現在）です。

そのトップにくるのが日本政策金融公庫。経営者としてある年数の経験がある方には国民金融公庫、通称「国金《こっきん》」と言ったほうがわかりやすいでしょうか。

乱暴な説明をすると、国が自営業者や会社に事業用の資金を融資してくれる金融機関です。その政策公庫のホームページのトップページには「創業予定の方」という項目があります。

これってつまり、これから創業しようって経営者にも、**最初から融資をしてくれるっ**

てことです。

そう、最初から。最初ってことは、まだ創業前、たとえばそれがお店なら、お店のオープン前から融資をしてくれるってわけ。

まだ海のものとも山のものともわからない、さあこれからお店を開いて独立開業しようと、いってみれば大冒険に出かけようっていう前の段階で、お金を貸してくれるのです。

初めてこの本を読んだ方には、そんな馬鹿な、なんの実績もないのに融資をしてくれるなんて、何かの間違いか、ひょっとして騙そうとでもしているんじゃないか、と思われるかもしれません。

いえいえ、日本金融政策公庫といったら、いってみれば国の直営の金融機関みたいなものですよ。**国がアナタを騙して、無理やりお金を貸し付けて独立開業させていったいどうしますか。**

貸してくれるのは国だけじゃありませんよ。もしアナタが東京都にお住まいなら、先ほどの検索サイトで「創業融資」の言葉の次に、「東京都」と入れてみましょう。トップにくるのは創業融資の案内でしょう。
これって…そう、自治体である東京都が、これから創業しようという個人や会社に融資をしてくれることです。見間違いやなんかじゃありませんよ。

東京都以外の方は、それぞれの道府県名を入れてみましょう。ついでに市町村名も入れて検索してみますか。

つまり、国だけじゃなく、自分の住んでいる自治体、あるいはこれから創業しようという場所の自治体も、融資をしてくれるってことなんです。

ウソでもなんでもありません。

ここまで読んだアナタはこう思うかもしれませんね。そんなことといっても、さぞやその手続きが面倒なんじゃないか、なんだかんだ言って、結局その条件は厳しくて借りられないような仕組みになっているんじゃないか、って。

たしかにね、融資に関する案内っていうのは、慣れないと難しく思えるかもしれませんね。でも、ゆっくり、落ち着いて読んでみてください。それほど**難しい漢字ってありますか？**　むしろ、いまどきのパソコンや携帯電話のマニュアルのほうがよほどわかりにくいと思うのはワタシの年齢のせいでしょうか。

なぜ、そうまでして貸してくれるのか？

国や自治体が創業融資をはじめとした事業用の融資をしてくれるのは、ひと言でいうとそれが政策だからです。政策というのがわかりにくかったら景気対策と考えてください。それが国民のため、住民のためということです。

で、こういったいわゆる政策というものに関してつきものなのが予算。〇〇向け△△融資制度を行いますよー、というアナウンスをする以上、じゃあそれいったいいくらやるの？　ってことを明確にしなくてはなりません。

まあ、申し込みがきたら貸すかどうかよく考えてからやるさー、というわけにはいかないのですよ。今年度は、〇〇円でやりますという予算を用意してから行うことがほとんどだからです。

ということは、世のため人のためとしてせっかく始めた融資制度ですから、借りてもらわないと困ったことにもなりかねないわけですよ。

そう、**国の金融機関も、自治体も、アナタが借りにくるのを待っている**ってわけです。

経験者の方からは、そんな感じの対応には思えなかったけどなー、という声が聞こえてきそうです。

でも、それはしょうがないですよ。

スーパーや何かの大売出しではないんですから、さあ、寄ってらっしゃい見てらっしゃいって対応はできっこありません。

事業計画書を出せのなんのとめんどくさい？

お、これから創業して経営者になろうって方が、会社経営をしようって方が、事業計画書を作るのが面倒？　それを言っちゃあおしまいですね。**なにも事業計画といったって、何十ページになるようなものを作れ、って言ってるわけじゃありません。**

そういう融資の案内を載せている公的機関のサイトには、ちゃんと計画書のひな型も用意されています。しかも、必ずこの様式でというように。

あれこれ勝手に作られた事業計画書を見せられても、審査する側は困りますからね。所定の計画書でと限定されています。

もし、それでも書き方がわからないということならば、相談窓口を利用しましょう。

そういった公的機関のサイトには必ずといっていいほど、相談窓口が設けられていま

これから創業（起業）する人必見！

●日本政策金融公庫

各都道府県に支店があり、
電話での申し込み、ネットからの問い合わせにも対応

●地方自治体

地方自治体ごと独自に
中小企業を支援するための各種融資制度を実施

必要なもの

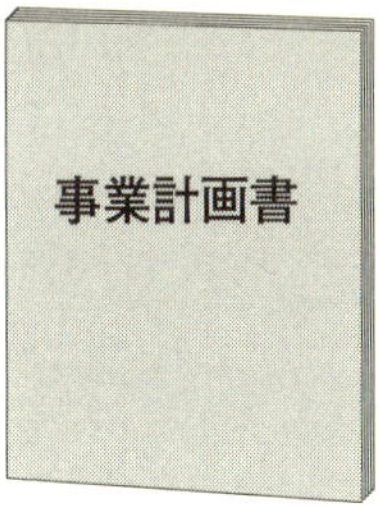

（所得の事業計画書）

〈無　料〉

相談窓口もあるから
安心！

す。しかも**タダ（無料）！**

ただし！　そういった相談窓口に、過剰な期待をしてはいけません。これから創業しようとしてその資金繰りに悩んでいると、つい誰かに助けてほしくなるでしょう。手取り足取り資金計画の書き方を教えてほしくなるでしょう。いっそ誰かが全部やってくれないかと思いたくなるかもしれません。

起業意欲が旺盛な方ほど、数字は苦手です。

でも、情熱だけで資金繰りの問題は解決できませんし、誰かに助けてもらうことでもありません。経営者になろうという方であるならば、資金繰りの問題も自分でやってこそです。

せっかく、公的機関が創業する前に融資をしてくれるチャンスを与えてくれているわけですから、これを活用しない手はありませんよ。

貸すのが銀行の役目

誤解を恐れずに言い切っちゃいましょう。

創業10年で債務超過の会社と、これから創業する会社、どちらが融資を受けやすいかといったら後者、これから創業する会社です。

もちろんこの比較、それぞれの会社がどんな財務状況なのかによりますので、単純に言い切ることは危険ではありますが、それでも、**何年も赤字続きの会社よりはまっさらな会社のほうがまだマシ**でしょう。

創業間もないということは、たしかに実績はありません。でも、何年か会社をやっていても、それが赤字続きであれば、その実績は負の実績、マイナスの実績です。過去3年赤字続きだったら、この先も赤字が続くんじゃないかと融資の担当者も思っちゃいますよ。

それだったら、マイマスの信用実績が出来上がってしまっているより、これから創業する可能性に溢れている（可能性しかない）状態のほうがよほどいいというものです。

では、公的金融機関に比べて、銀行の融資の審査はどうかというと、さすが創業融資に関しては、公的機関ほど積極的ではありません。

どこの銀行のサイトを検索してみても、創業融資向けに特別にコーナーを作っている銀行はなかなか見つけられないかもしれません。

なぜかというと、基本的には銀行はあくまでも、銀行を利用してくれている人（会社を含めて）を対象にしているからです。もちろん銀行のサイトのどこを見てもどこにもそんなことは書かれていませんが。

でもそこはちょっと考えてみましょうよ。ある日突然ですよ、なんの預金取引もない方が窓口に来て、事業を始めますから融資してくださいと言っても、それはちょっと…という対応になりますよ。

でも、いったんなんらかの取引が始まってしまえば話は別です。

理想的な融資取引の始め方としては、まず政府系金融機関（日本政策金融公庫など）で創業融資を受ける。その際の返済用の銀行口座をお店や会社の預金取引口座として活用する。そして、1年後か2年後に、今度は自治体の創業融資をその取引銀行を通じて申し込む。

こうして借り入れしたことのある実績と口座取引の実績をある程度作ってから、銀行の融資に取り組むと、銀行の対応はまるで違ってくるでしょう。

いってみれば、銀行の融資は一見《いちげん》さんよりお馴染みさん向けと言えるでしょう。

これがね、**いったん馴染んでしまうと、銀行の融資は心強いもの**なんですけどね。

よくぞ貸してくれました！

では、いったん馴染んでしまうと、銀行がどれほど貸してくれるかの実例を2つほど紹介しましょう。

ワタシも資金繰りのコンサルタントとして独立して10年になりますが、**銀行ってのはここまで貸してくれるのかと、驚きを通り越してちょっと感動してしまいました。**

ひとつ目は、銀行からの借入金と債務超過の額がほぼ同じになってしまっているケースです。

具体的に数字をあげると、銀行からの借入残高が4千万円で、債務超過の額が4千万円。債務超過の額というのは資本金以上の赤字のことをいうのですが、その会社の資本金は300万円でしたから、債務超過4千万円というのは累積の赤字が4300万円ってことですよ。

別の言い方をしましょうか。赤字の額＝銀行借入の額です。これぞ借金経営の見本

借金経営のある会社の貸借対照表

平成 23 年 3 月 31 日　　　　（当期会計期間末）

単位：千円

資　産　の　部		負　債　の　部	
科　目	金　額	科　目	金　額
【流動資産】	【5, 200】	【流動負債】	【1, 300】
現金及び預金	1, 500	未払金	1, 300
売掛金	1, 200	【固定負債】	【49, 900】
商　品	2, 500	長期借入金	40, 000
【固定資産】	【6, 000】	役員借入金	9, 900
(有形固定資産)	(6, 000)	負債の部合計	51, 200
建　物	6, 000		
		純資産の部	
		【株主資本】	【△ 40, 000】
		【資本金】	【3, 000】
		【利益剰余金】	【△ 43, 000】
		(その他利益剰余金)	(△ 43, 000)
		繰越利益剰余金	△ 43, 000
		純資産の部合計	△ 40, 000
資産の部合計	11, 200	負債・純資産の部合計	11, 200

ココの数字が借金

会社設立以来トータル（累計）の利益。この場合は 4300 万の赤字

債務超過とは決算書（貸借対照表）の純資産の部の合計が△（マイナス）になっている状態のこと

みたいな状態です。

この会社の貸借対照表を見せられたとき、すぐに税務申告書の別表七を開きました（50ページを参照）。別表七というのは税務上繰り越しできる赤字の額が年度ごとに記載されている資料です。繰り越せる最長期間は7年です。

たまたまだろう。親の代からもう20年以上続いている会社だし、長いことやってれば業績のよいときも悪いときもあるというもの。どこかの年で大きく赤字が出てしまって、たまたま借り入れの額と赤字の額が同じになったんだろう…。

なんと！　別表七には、7年連続で赤字が計上されていました！　つまり、少なくとも7年連続で赤字決算が続いてるってわけです。

10年以上前には金融検査マニュアルが施行され、どこの地方の金融機関であろうと決算書が融資審査の第一基準であるはずなのに、**7期連続赤字で毎年のように貸し続けてくれたなんて…。**

よくぞ貸し続けてくれたものです。

2つ目は、リーマンショック不況があったころのある製造業のケースです。

別表七を見てみよう

欠損金又は災害損失金の損金算入に関する明細書

事業年度	平22. 4. 1 平23. 3. 1	法人名	○×株式会社

別表七(一) 平成二十三・四・一以後終了事業年度分

事業年度	区分	控除未済欠損金額 1	当期控除額（別表四「41の①」－（別表七（二）「11」又は「22」）を限度） 2	翌期繰越額 (1)－(2) 3
平15・4・1 平16・3・31	青色欠損・連結みなし欠損・災害損失	円 3,800,000	円	
平16・4・1 平17・3・31	青色欠損・連結みなし欠損・災害損失	900,000		円 900,000
平17・4・1 平18・3・31	青色欠損・連結みなし欠損・災害損失	1,800,000		1,800,000
平18・4・1 平19・3・31	青色欠損・連結みなし欠損・災害損失	5,100,000		5,100,000
平19・4・1 平20・3・31	青色欠損・連結みなし欠損・災害損失	2,600,000		2,600,000
平20・4・1 平21・3・31	青色欠損・連結みなし欠損・災害損失	4,800,000		4,800,000
平21・4・1 平22・3・31	青色欠損・連結みなし欠損・災害損失	3,200,000		3,200,000
計		22,200,000	0	18,400,000
当期分	欠損金額（別表四「44の①」）	670,000	欠損金の繰戻し額	
当期分	同上のうち 災害損失金 (10)			
当期分	同上のうち 青色欠損金	670,000		670,000
合計				19,070,000
災害により生じた損失の額の計算				
災害の種類			災害のやんだ日	平

ここが大事な数字

48ページ図の4300万の赤字のうちこの7年での赤字が約1900万円ということがわかる！

気がついたら受注が10分の1にまで落ち込んでいました。月商1億円平均だったのが1桁減って1千万円です。普通に考えたら倒産しちゃいますよ。

何をどうやったって、月商が10分の1になってしまったら、毎月の人件費などのいわゆる固定費といわれる費用が払えるはずがない。

が、その会社は倒産しませんでした。

なぜか？

メインバンクが貸し続けてくれたからです。

なぜメインバンクが貸し続けてくれたのでしょうか？

倒産されたら困るからです。

メインバンクからの借り入れは3億円。うち1億円は保証協会付きでしたが残り2億円はプロパーです。もし倒産されたら保証協会付きの1億円は代位弁済されますが、2億円のプロパーはそのまま貸し倒れ損失です。

決算の3月まで残り数カ月で3億円の貸し倒れは、地方の金融機関にとってはそれだけで赤字になりかねない金額です。

では、銀行はどこまで貸し続けてくれたのか？

なんと融資限度額の4億円まで貸し続けてくれました。

いや、**思っている以上に、銀行というのは貸してくれるもんですよ。**

銀行の審査は貸せるか貸せないか

銀行の融資の審査の姿勢をひと言で表すと、貸せるか貸せないかを審査しているのです。返せるか返せないかを審査しているわけではありません。

受け止め方によっては、おかしな印象をもたれるかもしれませんね。ならば銀行の審査というものは返せるかどうかは審査していないのか？

いや、そう問われたら、もちろん返済できるかどうかを審査しているんです…と答えることにはなっているんですけどね。

会社（法人）だと話が複雑になるので、個人の住宅ローンをたとえにしてみましょう。個人、いわゆるサラリーマンの場合の住宅ローンの審査などだと、年収（給料）が審査の基準になります。

年収の4倍までとか5倍までなら申し込みできるという基準ですね。あるいは、住宅ローンや他のローンの返済の合計が、年収の20％以内ならOKとか、25％までならOKとか、年収に対する返済額の基準もあります。

申し込みの際に、こういった基準をクリアすれば、ローン審査OK！

というわけです。

要は、年収の○倍までで、返済が年収の○％以内なら、貸しても返せるだろう…だろうです。あくまでも。

これを担当者の心境でいうと、基準をクリアしている人に貸す。クリアしていれば受け付けて貸すだけ…です。

これが法人になるとですね、**サラリーマン向けのローン審査の基準のようなものは一切ありません。**

いいですか、書き間違いでも読み間違いでもありませんよ。

法人向けの融資の場合、年商に対して何倍までの借り入れまでとか、返済は年商の何％以内でないといけないとか、そういった基準は一切ありません。

前項のような長年の債務超過の会社に融資をしてはいけない…という法律もありませんし、世界不況で受注が10分の1になった会社に融資をしてはいけない…なんて決まりもありもありません。

むしろその逆で、融資の制度の中にはそういった不況の中にいる会社にこそ融資をしましょうという融資制度もあるのです。

そういったいわゆる不況対策融資制度となると、期間限定だったりすることが多いのです。そうするとどういう現象が起きるかというと、**銀行としては不況で資金繰りに苦しんでいる企業をわざわざ探して貸さなきゃいけない**のです。

なぜわざわざ探すかというと、そういった融資制度というのは「国」や「自治体」のほうから施行されることになるので、銀行にもお達しが回ってきます。

すると、銀行としても、お達しが回ってきた融資制度を全然活用してないとなると、ちょっと困ったことになるわけです。

銀行の役割として、地域経済における貢献というのがあります。

たとえば、こういった不況対策融資が始まった場合、各金融機関ごとに取り扱い状況を関係機関（保証協会や自治体、金融庁など）に報告するのです。

そうすると、取り扱いが少ない金融機関としては、その金融機関の地域では不況に苦しんでいる中小企業は少ない…ということになってしまうのです。

でも同じ地域の他の金融機関で取り扱いが多かった場合は、取り扱いが少ない金融機関は不況に苦しむ中小企業に対し積極的に対応していない…ということにもなってしまいます。

これでは、**金融機関の社会的使命として、それはいかがなものか…という事態に。**

同じ論理で、金融機関内の本支店間でもそういった見方をされます。

ですから何か制度融資が発表されると必然的に、「ノルマ」になってしまうのです。

その結果、ある程度の実績ができてしまえば、積極的に対応しなくなります。

まだ、無借金にこだわりますか?

それでもやはり銀行からお金を借りることに抵抗がある方が多いと思います。理由はいろいろ考えられますが、もっとも気にされているのは返済のこと。

借りたお金は返さなきゃいけない。

おっしゃる通りです。

銀行の融資審査は返せるかどうかの審査はしてないよ、なんて聞かされたら、なおさら自分自身で慎重に考えなければならないと思うかもしれません。

少し話の先を急ぎましょう。

ならば、もし借りてはみたものの、返すのが大変になったらどうしたらいいのか？

だったら…返済を待ってもらいましょう。

返済を待ってもらう？

待ってもらうということがわかりにくかったら、返済を一時ストップする、あるいは返済する額を減らしてもらうとか。

そんなことができるのか？

できます。

銀行からお金を借りるという行為は、法律でいうと金銭消費貸借契約証書という、契約書に印を押すことであり、会社であれば代表取締役個人が連帯保証人として実印を押します。

その契約書には、毎月いくらずつ支払うことも明記されていれば、最終期限も当然記載されていますし、もし支払いが遅れた場合の取り決めに関しても事細かに記載されてます。

でも、どうしても返済が苦しくなった場合は、返済を一時ストップするか、減額するかに応じてくれます。

返済を待ってくれる…こんなこと、銀行の融資だけですよ。

ウソじゃありませんよ、ホントです。

しかも、これについては法律の裏づけもあります。これに関しては次章以降で詳しく述べていきましょう。

そうですか、ここまでお話ししても、銀行から融資を受けることには抵抗がありますか…自助努力で資金繰りをよくするための工夫も大事なのはわかりますが、**案ずるより借りるが安し**だと思うのですがねぇ…。

それに、もうすでに銀行からの融資を受けているのであれば、案じてばかりいてもしょうがありませんよ。**おそらく、ほとんどの会社の場合は、また借りなきゃいけな**

くなると思います。

なぜ、そんなことが言い切れるのかって？

この本を読んでいる会社経営者の方の決算がどの程度の規模でどれほどの業績でいくら借り入れがあるかなんて、もちろんワタシにわかろうはずはありません。

でも、すごく簡単な基準があるんです。

次章は、なぜいま借り入れのある会社がまた借りなきゃいけなくなるのか？　ということからスタートしましょう。

第１章のまとめ

・借金をすることは悪いことではない。
・無借金経営の会社はほとんどない。
・手形取引や小切手はやめたほうがいい。
・「個人信用情報センター」でお金の貸し借りが全部バレてしまう。

第2章

借りた金は返せなくて当然

なぜ、業績が悪くなってから心配するのか？

このままじゃ…返せませんよね…。

このまま売上が減ったままなら、さらに売上が下がったなら、赤字が続いたなら、**銀行から借りたお金は返せなくなってしまう…。**

表現方法はいろいろあるでしょうが、資金繰りの相談をされる場合に、よくこういったことを言われます。

申し込んだ融資を銀行に減額されたり、断られたり、そうなったらいよいよ返済を減らしてもらうか猶予してもらうかを考えなくてはならない状況になると、これまで借りたお金が返せなくなる状況のことが心配になってきます。

大きくなってきた子供がいたりすると、子供に借金を残す羽目になることを心配したり…。

いやいやいや、いくら業績が悪化してしまったとはいえ、このまま悪化した状態が続くという前提で将来を心配するのはよしましょうよ。

悪化した状態が続くということを前提にしてものを考えたなら、返せなくなる状態になるどころか、その前に会社そのものが続きませんって。

さらに売上が下がったら、これ以上赤字が続いたら…なんて現状よりももっと悪化するということを前提にするなら、そりゃあ会社自体が、事業そのものが続けられなくなってしまいます。

悪くなってしまったとき、もっと悪くなることを考えすぎるのはよしましょう。

そこから解決策はなにも見つかりません。もちろん、明らかに予想される悪い兆候があるならば、そこまで踏まえて対策を考えなきゃいけませんが。

それに…**そもそも、借りたときから返せないことはわかってたんです**から。

ここまで話すと、多くの経営者の方は驚きます。

え？　借りたときから返せないことはわかっていたですって？　なにを言い出すん

ですか？　借りたときにはこんな状態になることがあるなんて思いもしなかったし、予想できませんでしたよ。だからといって、右肩上がりで良くなっていくとも思っていませんでしたけど。

それに…融資を受けるときはちゃんと銀行が審査してくれてたんですから。

いや、ですからね、先ほどもお話ししましたように、**銀行は返せるかどうかの審査ではなくて…。**

だいたい、この会社の土地建物を買うときだって、銀行からの紹介で買ったんですよ！

銀行が不動産を紹介してくるんですから当然融資もセットでしょう？

つまりそれってこっちが返せる会社だからってことじゃないんですか！

では、最初から返せない状況だったってことをこれからお話ししていきましょう。

ホントに返せるかを考えたら怖くて貸せないし借りられない

こういった資金繰りの話を、法人、つまり会社経営としてしようとするから話は複雑化するのです。**決算書がどうとかキャッシュフローがどうとか専門的な用語がどんどん出てきます。**ましてや融資のこととなれば、銀行内部の専門用語だからなおさら素人にはわかりにくい。

そもそも創業社長は、会社を設立して社長になろうというのに、販売や製造などを重視しがちで会計のことや銀行のことを学んだりしていない人がけっこういます。

前章の最後で触れたように、ここでサラリーマンとして住宅ローンや車のローンなどを借りるときのことを考えてみましょう。

年収に対して何倍まで借りられるとか、返済の合計が年収の何パーセント以内までならOKとかいうのは、あくまでも貸す側が審査をするうえでの基準のひとつでしかありません。

実際のところがどうなのかというのは、それぞれ個人個人の生活状態によって当然違ってきます。

では、借りる側はどう考えるでしょうか？

たとえば住宅ローンであれば、現在支払っている家賃があるとすれば、家賃と同じ程度であればなんとか払えるんじゃないだろうか…と考えますよね。

給料の額面（年収）がいくらだろうが、税金がいくらだろうが気にすることはなく、手取りがいくらでそこから生活費がいくらで小遣いが…そんな途中経過は抜きにして、このまま家賃を払い続けるくらいなら、と。

そして、将来起こりうる支出の増加を加味して、子供の成長とか…で、支出も増えるだろうけれど、収入（給料）も当然、増えていくだろうと。

こういった計算をするでしょう。あとは**将来増えるだろう支出と収入の読みが甘いか辛いかだけの違い。**

でも、たとえそれが暗算程度の計算であろうと綿密なものであろうと、計算をしない人はいない。

将来に関しては、あくまでも現状の延長線上で。ひょっとしたら世界的不況がきて自分が会社からリストラされるんじゃないかとか、ボーナスがなくなるんじゃないかなんて考え始めたら怖くて住宅ローンなんて組めませんよ。

貸すほうにしたってそれは同じです。

でも、会社でお金を借りる場合に、銀行に融資を申し込むとき、こんな計算、してましたっけ？

返すということはどういうこと？

ここで「借りたお金を返す」ということがいったいどういうことを指すのか考えてみましょう。考えるというよりは定義しましょうとでもいいましょうか。

借りたお金を返すということは、自分のお金の中から貸してくれた相手（銀行とか）にお金を渡すことです。払うと言ってもいいでしょう。

貸した金をきちんと払え！　とか言ったりしますもんね。

具体的には、いまどき手渡しで借りたお金を返すということはあまりないでしょうから、自分の銀行口座から引き落とされるか、相手の口座に振り込むかですね。

そうするとどうなるかというと、借りたお金の残高が減る。返した分だけ確実に減る。

ではその返すもとになったお金はどこから工面するのでしょうか。そりゃあ、もちろん収入です。サラリーマンであれば給料の手取り分の中から。あるいは、すでにある預貯金の中から。

もしくは…どうしても収入の中から払うことができなくて、手持ちの蓄えもなかったら…どうしましょうか。そうなったら、何か身の回りの売れそうなモノを探してお金にかえて返しましょうか。

回りくどかったですが、**借りたお金を返すというのは、自分で稼いだお金で返すか、持っている何かを売ってお金にかえて返すか**、この二通りしかありません。

これは、個人であろうと法人（会社）であろうとなんら変わりはありません。

では先ほど、自分で稼いだ金で返すといいましたが、これを会社として表現するとなんというでしょう。個人の場合は、稼いでというのは、その前に働いてとつきますね。

会社の場合は、**儲けたお金で返す**、となります。

ここでいう会社には、個人事業主も含まれます。

逆の言い方をすると、会社でお金を借りた場合は、儲けないと借りたお金は返せません。

儲けるという言い方をもっと丁寧な表現で専門的に言いましょう。

そうです、**利益を出さないと、借りたお金は返せません。**

経験豊富な経営者や経理関係者からは、そんなことはわかってるよ！　という声がいっせいに聞こえてきそうです。

ホントですか？　ホントにわかってますか？

払っているけど減っていない

ここからいよいよ専門的な用語がたくさん出てきます。これまでは、決算とか融資とかに不慣れな方に向けて、できるだけわかりやすくを意識して書いてきました。

ここから先は、会社経営をしていくうえで、最低限不可欠な用語がたくさん出てきます。

事実の確認からいきましょう。論より証拠と言います。2年分の決算書、貸借対照表を並べて見てみましょう。見るべき場所（項目）は、長期借入金です。

一番新しい今期の長期借入金と前期の長期借入金の残高は増えてますでしょうか、減ってますでしょうか。

借りたお金を返すということは、前の年より減っているということです。借入残高が減っていること、すなわち返していることです。

もし減っていないようであれば、それは返しているとはいえません。

では次に、前の年より減っているという前提で、はたして毎月返済する予定のちょうど12カ月分が減っているでしょうか。

減っていない？　それはおかしいですね。毎月10万円返済であれば年間１２０万円、月に１００万円の返済であれば１２００万円減っていなければ計算が合わないことになります。

ということは、**毎月返してはいるのだけれども、また新たに借り入れをしている…**ということ以外には考えられません。

これって…ホントに返していることになるんでしょうか。

2年分のバランスシートを比べてみよう！

●今期のバランスシート　単位：千円

負　債　の　部	
科　目	金　額
【流動負債　】	【　1, 300】
未払金	1, 300
【固定負債　】	【　49, 900】
長期借入金	40, 000
役員借入金	9, 900
負債の部合計	51, 200
純　資　産　の　部	
【株主資本　】	【　△ 40, 000】
【資本金　】	【　3, 000】
【利益剰余金　】	【　△ 43, 000】
（その他利益剰余金）	（　△ 43, 000）
繰越利益剰余金	△ 43, 000
純資産の部合計	△ 40, 000
負債・純資産の部合計	11, 200

●前期のバランスシート　単位：千円

負　債　の　部	
科　目	金　額
【流動負債　】	【　900】
未払金	900
【固定負債　】	【　46, 900】
長期借入金	36, 000
役員借入金	10, 900
負債の部合計	47, 800
純資産の部	
【株主資本　】	【　△ 39, 200】
【資本金　】	【　3, 000】
【利益剰余金　】	【　△ 42, 200】
（その他利益剰余金）	（　△ 42, 200）
繰越利益剰余金	△ 42, 200
純資産の部合計	△ 39, 200
負債・純資産の部合計	8, 600

見るべき場所はココを並べて比べること

借りたお金を返すということは前期より
今期のほうが残高が減っていること

まして前年より増えていたりしたら、**毎月返済しているはずなのになぜか借入残高は増えているという、まるで怪奇現象**です。

71ページの例のように、現実の会社の借り入れは、多くの場合は減っていません。毎月、払ってはいるけど返してはいないのです。

別の言い方をしましょう。

返しながらも、また新たな借り入れをしているのです。これが多くの場合の現実です。もちろん、多くの場合といっても、ここで何か根拠となるデータを示せるわけではありませんが。

なぜ、根拠もなしに多くの会社がそうだと言い切れるのでしょうか。

なぜならば、その理由は簡単でなおかつ、そのハードルは多くの会社が越えられないのではないかと思えるくらいに高いからです。

借り換えという現実

会社にたとえて話そうとすると、どうしても複雑な感じになってしまいます。ですから、また個人の場合でたとえてみましょう。

家賃10万円のマンションに住んでいたところ、思い切って住宅ローンで持ち家を購入しました。ローンの返済は家賃と同じ毎月10万です。何かの事情があってローンの支払いが厳しくなってしまったので、カードローンからお金を借りて住宅ローンの返済に充てました…。

これって…返していることに、なりませんよね。

もちろん、その何かの事情が、ごく短期的に解決される事情ならば、なんとかなるかもしれません。

でも、足りないのが毎月3万円ずつでそれがむこう1年間続くと予想されたら…すごくリアリティが出てきて、電卓使って計算したくなってしまいそうです。

カードローンの限度額を50万円として、カードローンの返済は毎月1万円の定額とすると…。

会社経営でも、これと同じことが繰り返されていると思って、ほぼ間違いはありません。

だったら、そう**長くは続かないんじゃないの…**そう、このたとえのように、会社所有の不動産の融資の返済に、会社版のカードローンを使って資金繰りをしていたらそう長くは続きませんね。

会社の場合は、個人にたとえると5年ローンで買った車の支払いに、カードローンを使って資金繰りをしているようなものでしょうか。

借り入れをして返済をしているものの、資金繰りが苦しくなって、新たな別の借り入れをして資金繰りを楽にする…これが会社の資金繰りの多くの現実でしょう。

個人の感覚からしたら、こんなこと続けてよいのか？　許されるのか？　などと思うでしょうが、**よいか悪いか、許すか許さないかの問題ではありません。**

なぜなら、そもそもの前提が違っているからです。

個人の場合は、年収というのはそうそう大きく変わりません。年俸制や成果報酬もあるでしょうが、固定給の場合は急に大きく増えることもなければ、減ることもないでしょう。それゆえ、何かの事情で収入が減ったり支出を増やしたりすると、資金繰りは借り換えでも回らなくなってしまうのです。

でも、会社の場合は違います。経営努力によって、大きく売上を増やしたり、利益を増やしたりすることが十分にありうることなのです。

それがね、間違い、勘違いのもとだったりもするんですけど。

その会社経営の将来の可能性を抜きにして、返せるかどうかの目安はないのでしょうか？

あります。誰にでもわかるくらいシンプルな基準が。

返済原資という絶対真理

もし、ほんとうに借りたお金（融資）を返すとなれば、その原資（もと）となるのは会社の儲け、つまり利益です。その利益というのは、損益計算書の一番下に載っている「税引き後利益」です（77ページ参照）。

この**税引き後利益が、返済できるかどうかの目安になります。**

いやいやいや、利益とキャッシュフローは違うといわれるじゃないかといっせいに聞こえてきそうです。

たしかに利益（以下、税引き後利益）と資金繰りは違います。必ずしも、税引き後利益がお金として会社に残るとは限りません。

が！　もし利益がそのまま会社に残ってないとしたら、むしろそのほうがおかしい。そのおかしなことになる代表的な原因には、売上が必ずしもお金として回収されてないとか、同じように仕入れた分だけお金を払っているとは限らないとか、そういうことが考えられます。

でも、それは、決算として締め切ったときに、たまたま計上された売上や仕入れの通りにお金が出入りがしてないだけで、結局のところは、会社として儲けたお金はその利益分でしかないわけですよ。

ということは、**1年の会社経営の結果として自由に使っていいお金というのは、税金を支払った後のお金、つまり税引き後利益だけ**です。これ以外にはありません。

たしかに、会社経営の中でお金はじつに複雑な動き方をするでしょう。在庫が必要な商売であれば、在庫を前の年より増やしてしまうこともあるでしょう。新たな設備投資をする必要もあるかもしれません。

建設業などであれば、受注すると手付金や中間金、あるいは立替をする必要もあるでしょう。

それでも、たとえ会社によって規模の大小はあろうとも、会社として融資の返済に

損益計算書を見てみよう！

自　平成22年 4月 1日　　至　平成23年 3月31日　　　　(当期累計期間)

単位：千円

科　　目		金　　額	
【売上高　　　】			
売上高		40,000	40,000
【売上原価　　】			
期首商品棚卸高		1,000	
仕入高		28,000	
期末商品棚卸高		△2,500	26,500
	売上総利益		13,500
【販売費及び一般管理費】			13,300
	営業利益		200
【営業外費用　　】			
支払利息		1,000	1,000
	経常利益		△800
	税引前当期純利益		△800
	当期純利益		△800

この会社は△（マイナス）なので
赤字になっている

税引き後利益額（当期純利益）は
会社経営で自由に使っていいお金

回せるお金は会社として儲けて（利益を出して）税金を支払った後のお金、税引き後利益であることに変わりはありません。

これは借りたお金を返済する上での絶対的な事実、真理です。

もし、税引き後利益以上の返済をしていることがあるとしたら、それはやりくりしているだけ。その方法が、新たな借り入れをしての借り換えなのか、第1章で触れたような買掛金などの支払いサイトを延ばしてのやりくりか、なんらかの方法です。

もし借り換えをしないで利益以上の返済をしていたとしたら、何か他の負債が前年より増えているか、それとも手持ちの資産を換金しているかのどちらか、もしくは両方しかありえません。

どういうやりくりをしているかは、2年分の貸借対照表を見ればすぐにわかります。

立ち話でも計算できる資金繰り

単純なキャッシュフローとして考える場合、**会社の儲けとしてお金が残るのは税引き後利益が、考えられる中の最大です。**これ以上はありえません。もし仮にあったとしても、それは儲け（損益）とは関係のないお金でしょう。

あるいは、費用の中でお金が出ていかない経費、減価償却費などがあれば、その分のお金も会社の中に残ります。

そうすると、**減価償却費＋税引き後利益が会社の儲けの結果として会社に残るであろうお金の最大値**なのです。

ということは、この数字（金額）と月々の返済額がわかれば、当面の資金繰りの予想はできます。

たとえば毎月の返済額が100万円だったとして、減価償却費＋税引き後利益が200万円だったとしたら、自力で返済できるのはたったの2カ月分だけ。

手元にある現預金が500万円だったとすれば5カ月分、あわせて7カ月分の返済分しかない。

ということは、資金繰りとしては回って最長として半年前後かな…というわけ。

もちろん現実はこうはいきません。これはあくまでも理論的な最大の計算です。

この場合でも、たまった仕入れの支払いなどがあって、すぐにでも何百万円か支払わなければならない、なんて事情があったら半年どころか1カ月ともたないことになってしまいます。

でも、そういう特殊な目先の事情でもない限りは、決算書からこういった数字の概算を知るだけでもいつごろ借り入れの必要があるかは知ることができるわけです。なにも特別変わった計算の必要はありません。

電話で決算書の主な数字を読みあげてもらうだけでもわかるし、暗記していれば立ち話でもわかる。いつごろ、いくらぐらい借り入れする必要があるかとなれば、その必要な主な数字も細かい端数などはいりません。

償却資産は減価償却費で返す

本章の72ページで、多くの会社は借り入れを払ってはいるだろうけど返してはいないと書きましたが、その理由にあげた高いハードルが越えられないというのは、返済に対しての償却前税引き後利益の少なさにあります。

資金繰りに問題がない決算書の基準を何かと聞かれたら、返済額以上の償却前税引き後利益があるかどうかです。

これがあって初めて、自力で返すことが理論上可能なわけです。もっとも、仮にこの基準をクリアできていても、借入金の残高が減っていないとなると、それはそれでおかしなことにはなるのですが…。

さてここからは、さらに借り入れの内容によって、その返済原資が異なってくることをお話ししていきましょう。

前項で減価償却費という費用科目が出てきましたが、これは**減価償却できる資産を年々減らしていく帳簿上の費用です。**

たとえば、耐用年数が10年の1千万円の設備を買った場合、1年に100万円ずつ減らして減価償却費として計上していきます。

ではここで問題です。

もしその1千万円の設備を借入金で買うとしたら、何年で借りたらいいでしょうか？

答えは10年です。

10年返済で借り入れをしたならば、毎年の返済額は100万円となり、ちょうど減

減価償却とは?

価値
1000万円

耐用年数
10年

1000万円の設備

10年返済の場合

	1年目	2年目	3年目	4年目	5年目	6年目	7年目	8年目	9年目	10年目
現実のお金の動き	100万円返済 1000万円借入	100万円返済	100万円返済	100万円返済	100万円返済	100万円返済	100万円返済	100万円返済	100万円返済	100万円返済
減価償却額	100万円	100万円	100万円	100万円	100万円	100万円	100万円	100万円	100万円	100万円

5年返済の場合

	1年目	2年目	3年目	4年目	5年目
現実のお金の動き	200万円返済 **1000万円借入**	200万円返済	200万円返済	200万円返済	200万円返済
減価償却額	100万円	100万円	100万円	100万円	100万円

価償却費の100万円と合います。

もし、これを5年で借りたとしたらどうなるでしょう?

返済が年に200万円となり、減価償却費を100万円オーバーします。ということは、オーバーした100万円は、税引き後利益から返済しなければなりません。

もちろん、**借り入れにともなう金利は経費として落とせます。**

家賃=返済で計算する間違い

サラリーマンが住宅を買うかどうかで、いま支払っている家賃を基準に考えると書きましたが、会社経営をこれと同じ要領でやると思わぬ計算違いを招きます。

たとえば店舗の家賃として払っているのが、毎月50万円だったとしましょう。

もう何年も払ってましたし、今後もずっと同じ場所でお店をやっていきたいと思っていたとしましょう。

そこに大家さんから不動産屋さんを通じてお店を買わないかという話がきたとしましょう。売値はちょうど家賃の10年分です。銀行は融資にOKとしてきました。

さあ、どうしましょうか？

むこう10年の家賃を払い続けると思えば、10年分の借金で済むなら買っちゃいましょうか！　買って自分の所有にしちゃえば家賃はタダになりますしね。

ちょっと待ったー！

税金が増えることをお忘れなく。

たとえ銀行から借金して買うとはいえ、買った以後は家賃がなくなってしまいます。ということは、その分の経費が減る、つまり利益が増えることになります。**利益が増えるということは、税金がかかる**ことになるんです。

月50万円の家賃ということは、年間６００万円です。６００万円も利益が増えたら、それに対して税率40％とすると２４０万円！

でも資金繰り上は家賃と同額の返済をしますから、なにも変わりませんよ。

やっぱり買うのはやめちゃいましょうか…。

ちょっと待ったー！

店舗ということは減価償却資産でしょうから、減価償却費が発生してきます。中古のお店ということですから、耐用年数は個々の状態で変わってきます。ですから残存耐用年数を調べてから、借り入れの返済年数を考えるといいのです。

つまり、**償却資産を借り入れで買う場合は、返済年数と耐用年数を合わせて考えるのがコツ**です。

そうでないと、税引き後利益から支払うようになってしまいますよ。

土地は減価償却できない

前項のように、お店を買ったりすることを俗に「設備投資」といいます。設備投資という言葉から、ほかにはどんなものを思いつくでしょう。店舗設備といったり、内装設備といったり、機械設備といったり、多種多様なものが想像できるでしょう。

このように、何十万円もするような高額で長い間にわたって事業に使われるものを購入することを設備投資といいます。

会計用語でいうと、これらのものは固定資産として決算書の貸借対照表に計上されます。その固定資産には有形のものと無形のものがあります。有形とは、形あるものとしては建物や車輌、機械設備など。

これらのものは、購入したとしても、一度に経費として処理することはできません。たとえば1千万円の機械を買った場合、耐用年数が5年であれば、5年で費用化（減価償却）していきます。

具体的にいうと、1千万円の機械は1年後には200万円減らして800万円にして、減らした200万円は減価償却費として費用として処理します。

慣れないと複雑に感じる固定資産の購入後の減価償却処理ですが、その面倒な処理をしないで済む固定資産があります。

それは、土地です。

土地は、それがたとえどれほど高価なものであろうと安価なものであろうと、場所がよかろうが悪かろうが、地面の状態がどうであろうと、減価償却をする必要はありません。**必要がないというか、できないのです。**

つまり、永久に、永遠に、費用となることはありません。

では、この減価償却もできなければなんら費用として処理することができない土地を借金で買った場合、その返済はどうなるのでしょうか。

もちろん、その土地を事業として使って儲けて税金を払って残ったお金、つまり税引き後利益からの返済になります。

だったら…個人の住宅ローンのように、30年とか35年の返済にして…現実は事業用の土地を買うための借り入れ返済で、そんな住宅ローンのような長期間の返済はできません。長くてもせいぜい20年程度でしょう。

つまり、**銀行から借金して土地をいくらで買った**…ということを知っただけで、ということは長くて20年返済だからその返済はいくらだな…と推定できるのです。ならばその会社は、それだけの返済原資である税引き後利益があるってこと？ ということまで。

ちなみに、どうやって知ることができるかというと、気になる土地があれば法務局で不動産登記簿を閲覧するか謄本を取ればわかるのです。

借金して買った土地であれば、貸した銀行とその年月日、銀行が担保として設定した金額が記載されているからです。担保設定した金額と購入価格は、そう大きく違わないことが多いのです。

前項のように土地の上に建っているお店を買うという場合は、建物と土地をセットで購入することが多いのです。その場合、売買価格も土地建物コミコミ。でも建物の売買価格には消費税が含まれますが土地には含まれませんので、自ずと土地と建物の価格を別々に決めることになります。

ということは、なんとか土地の価格だけを下げて買おうとするのも難しいということになります。

固定資産の中で土地と同じく減価償却できない代表例に、不動産を賃貸するときに支払う敷金や保証金などがあります。これらは目に見える形はありませんが（無形）、いずれ契約が終了すれば戻ってくるお金ですので、それまでの間は費用にはなりません。

設備投資は自己資金でやっちゃおう！

耐用年数がどうしたこうした…費用（減価償却）になるとかならんとか…借り入れするなら耐用年数に合わせろとか税引き後利益でしか返せないとか…。

ええい、めんどくさい！

だったら自分のお金で買えばいいじゃねえか！　一括で、キャッシュで！　ポーンとさ！　自分の事業に必要なもんなんだから、買うといったら買うしかない！

それが何年で償却しようがされようが知ったこっちゃない。経理と顧問税理士事務所が税務署と相談して好きに処理すればいいさ。**買うといったらオレは買う！**

そのとおりです。まったくもって正しい。欲しいもの、いや必要なものは自分のお金で買う。個人であろうと法人であろうとそれが正論、正解です。欲しいものを買うお金がなかったらためてから買う。

これが設備投資をする場合の、もっとも正しい考え方です。

問題は、個人であれば欲しいものを買うだけのお金があるかどうかは一目瞭然、預金通帳なんて見なくてもわかりますよね。

仮にお金がたまっていても、将来のことを考えるとはたして買っていいものかどうかで悩むことはあるでしょうが、その悩みにしてもまずは買うだけの、買えるだけの自分の蓄えや払える見込みがあるのが前提です。

でも会社の場合はどうでしょう。

はたして設備投資をできるだけのお金があるかどうかはすぐにわかりますかね。会社の預金通帳でも見ればわかるんじゃないかって？

いえいえ違います。**会社の場合、自分の会社で買えるお金があるかどうかは預金通帳を見るのではなく決算書、もしくは試算表を見ることです。**

たしかに、自分の会社名義の預金口座にあるお金は名義上は自分のお金です。でもひょっとしたら、誰かから預かったお金もまぎれこんでるかもしれないじゃないですか。これから商品を販売する予定で先に相手から受け取ってるお金とかね。そういうお金は自分の会社の預金口座に入っていても自分のお金とはいえないでしょう。

では、ホントに自分の会社のお金といえる金額はどこを見たらわかるでしょうか？

それは貸借対照表の純資産の部です。

そこの数字（金額）と同じ分だけが、自分の会社で自由に使っていいお金、つまり自分の会社のお金です。**見るべき場所はたった一箇所、純資産の部だけ。**

純資産の部とは資本金とそれまでの間に出した利益の合計額のことです。資本金は会社をスタートしたときに用意した会社のお金、利益というのはその後に稼ぎ出した儲けですから、この2つの合計が自分の会社のお金でしょう。

もし純資産の部が1千万円の会社であれば少なくとも1千万円は自分の会社のお金があるはずですが、貸借対照表の現預金の残高はいくらになっているでしょうか？　そんなものありっこない？　それこそいろいろ設備投資もしちゃってるし？　ならば、自分の会社で自由にできるお金はない…見ての通りない…ですもんね。

勘違いしちゃうのは、逆にある場合でしょう。

純資産の部は1千万円なのになぜかそれ以上のお金がある場合、はたしてこの場合は全部が自分のお金だと思っていいのでしょうか？

いいえ、**純資産の部以上のお金がある場合、それは自分のお金じゃありません。誰かから預かっているお金か、借りたお金でしかないのです。**

使えるお金はいくらだ？

「金に色はない」とはうまく言い表したもんです。いったん受け取ってしまったお金は、それが売り上げたお金なのか、預かったお金なのかの区別は付けられません。

昔、脱税をテーマにした映画で、調査官が1万円札に赤マジックで印を付けたシーンがありましたが、まさか自分で受け取ったお金にそんなことしてられませんしね。

では、会社経営をしている場合、使ってもいいお金とそうではないお金をどう区別したらいいでしょうか？

仮に純資産の部と同じ金額は、自分のお金だから好きに使ってもいいと先ほどは言いましたが、現実の会社経営をしていくうえでその考え方はかなり危険です。

これも貸借対照表の流動負債の部を見ればひと目でわかります。

流動負債の部の最初のほうには、買掛金とか未払金、未払費用といった科目があります。

通常、これら3つの項目は、会社経営上すぐにでも支払わなければならないお金の合計です。請求書の合計といってもいいでしょう。

ということは、それら請求書の合計以上の預金残高があるでしょうか？

預金残高からそれら請求書の合計を差し引いた残りが、とりあえず自分の会社の使えるお金…ということです。

ほら、簡単でしょう。パッと見たら、ほんの数秒でわかりますよね。

使い込みじゃない

いや、そういわれてよく見たら、買掛金や未払金のほかにも前受金とかあるし…だから、とりあえずは、といいましたね。

そういった前受金とか預かり金とかすぐに支払うか返すかしなければならない項目が流動負債という部分に記載されているのです。

もしこのお金がなかったとしたら、どう考えたらいいでしょう？

仕入れたのに支払いができない、預かったお金を使い込んでる…もしそれが建設業であれば前受金として預かっているお金を使い込んでしまっている…ということになるかもしれませんね。

いや、そんなことはない！　その前受金はちゃんとその請け負った現場の支払いにあててるぞ、とおっしゃるならば、なぜ、買掛金の一部が残っているのでしょうか？少なくとも前受金で受け取った分に見合うだけの買掛金が残っていたらおかしいですよね。

たしかにお金は残ってないけど、買掛金に見合うだけの在庫はちゃんと店に残っているぞ、という場合もあるでしょう。

そういう場合は、貸借対照表の現金及び預金のすぐ下のあたりに、棚卸資産（または商品）という項目があります。それと買掛金を比べてみましょう。

もし、買掛金が1千万円あるとするならば、在庫も1千万円ある。仮にあったとしても、その在庫はアナタの会社の在庫ではありません。だって、まだその在庫の代金を支払ってないんですもの。

買ったのに（仕入れたのに）お金を払ってない分を自分のものだといえますか？いえませんよね。

まして、**まだ支払ってもいない在庫がすでに在庫としてなく、つまり売ってしまっていたとしたら…**売ってしまってお金にかえているのに、その売るもととなった**支払いをするだけのお金が残っていない…**これを使い込みといわずなんといいましょうか！

これに対してこれまでにどんな言い訳があったかをいいましょう。

「売ったんだけど、掛売りだからまだお金が入ってこないんだ、だから使い込んだわけじゃないんだ」…十分、考えられそうなことです。

だとするならば、買掛金以上の売掛金が残っていることになりますよね。

そうでないと話のつじつまが合わなくなりますよ。誰も百円で仕入れたものを百円以下で売ったりはしません。当然、仕入れた値段以上で売るのが商売というものです。

ということは、買掛金以上の売掛金がなければおかしなことになってしまうじゃないですか！

最悪な資金調達

貸借対照表の右（負債）と左（資産）をつけあわせていくと、どうやって会社が資金調達をしているかがひと目でわかります。たとえ見なくとも、耳で聞いただけでもそのバランスの良し悪しはわかります。

先ほど、純資産の部と現預金の残高を比べて自分の会社がお金があるかどうかを話しました。次に固定資産（有形、無形含む）と長期借入金を比べてみましょう。

たとえば1億円の固定資産があったとしましょう。その1億円の固定資産に対して、長期借入金が7千万円だったとしましょう。ならば足りないあとの3千万円はどうしたのでしょうか？

1億円の固定資産を買うのに借金を7千万円にして、後の3千万円は自己資金で買った？　なるほど、融資の教科書に出てくるようなたとえですな。自己資金3割という絵に描いたような法則を守ってるわけだ。

ということは、純資産の部は当然、3千万円以上あるってことになりますよね。どうでしょう、3千万円以上の純資産があるでしょうか！

もし、3千万円以上の純資産があったとするならば、**お見事です！　教科書通りの資金調達です**。でも、ということは、この場合、3千万円を残した純資産に見合うだけの現預金が自分の会社のお金…ということになります。

最悪の資産調達の例

平成 23 年 3 月 31 日　　　　(当期会計期間末)

単位：千円

資産の部		負債の部	
科目	金額	科目	金額
【固定資産】	【100, 000】	【流動負債】	【60, 000】
(有形固定資産)	(100, 000)	買掛金	20, 000
固定資産	100, 000	短期借入金	30, 000
		未払金	10, 000
		【固定負債】	【30, 000】
		長期借入金	30, 000
		負債の部合計	90, 000
		純資産の部	
		【株主資本】	【10, 000】
		【資本金】	【10, 000】
		【利益剰余金】	【0】
		(その他利益剰余金)	(0)
		繰越利益剰余金	0
		純資産の部合計	10, 000
資産の部合計	100,000	負債・純資産の部合計	100, 000

長く使う物（固定資産）を１年以内に払う借金（流動負債）で買ったことになる

仮に4千万円が純資産だったとして、「1億円の固定資産のうち自己資金3千万円で買ったんだよ、あとの7千万円は借金だよ」というのであれば、4千万円の純資産から3千万円を差し引いた残り1千万円に見合うお金があったとするならば、それは自分のお金かもしれません。

ただ、純資産が1千万円しかないよとなると、足りない2千万円はどうやって調達したのでしょうか？

その場合、買掛金や未払金などを本来払えるのに払わずに固定資産を買ってしまったということになります。

「そんなはずはない、そんなつもりはない」…とおっしゃるでしょう。たしかに借金しないで自己資金で買ったはず、買えたはず…だと。

ですから、自己資金というのは＝イコール純資産の部なのです。

1億円の固定資産をホントに自己資金で買えるのは、純資産の部が1億円以上ある会社だけなのです。

こういった現象は、**ある程度規模が大きくて儲かっている会社で、なおかつ銀行からお金を借りるのが嫌いな社長の会社**に多々見受けられます。

長く使う固定資産を短い借金（流動負債）で買ってしまう…最悪な資金調達です。

借り入れ嫌いが招く資金欠乏症

このように、資金繰りがおかしくなってしまう原因にはじつに様々なことが考えられますが、その解決方法はたったひとつです。

前もって月商の1カ月分くらいを運転資金として借りておきましょうということです。

なぜ1カ月分くらいかを説明しましょう。業種や売り方などによって個々の差はあるでしょうが、仮に赤字を出さない前提で考えた場合、売上が多かろうと少なかろうと、よほど利益率が高ければともかく、売った分と同じ分だけお金は出ていってしまうのです。

仮に営業利益率が10％だとしたところで、90％は仕入れなのか経費なのかはともかく、出ていってしまうわけです。手元に残るのは営業利益率の10％相当のお金だけです。それも現金商売であればこその理論上の最大数字として。

で、そのお金の出入りは同時に行われることではありません。それこそモノの順序を考えたら、売るより仕入れるほうが先、入りより出が先です。

ならば、業種にかかわらず、月商の1カ月分くらいは手元資金として借りておきましょうよということです。

設備投資に関しては、**長く使うものは長く借りて買う。**たったこれだけのことで、その後の資金繰りはまるで違ってくるでしょう。

ただし、長く使う期間（耐用年数）と同じ期間で借りられるとは限りませんのでその後の調整が必要になってきます。

その後の調整とは何かというと、借り換えです。借り換えといってもいったん設備資金として行った融資の借り換えはできませんから、その分を運転資金として融資を受けることになります。

ここで、銀行から融資を受けてそれを資金繰りに使っていく上でとても大事なことをお話しします。

資金繰りの解決方法

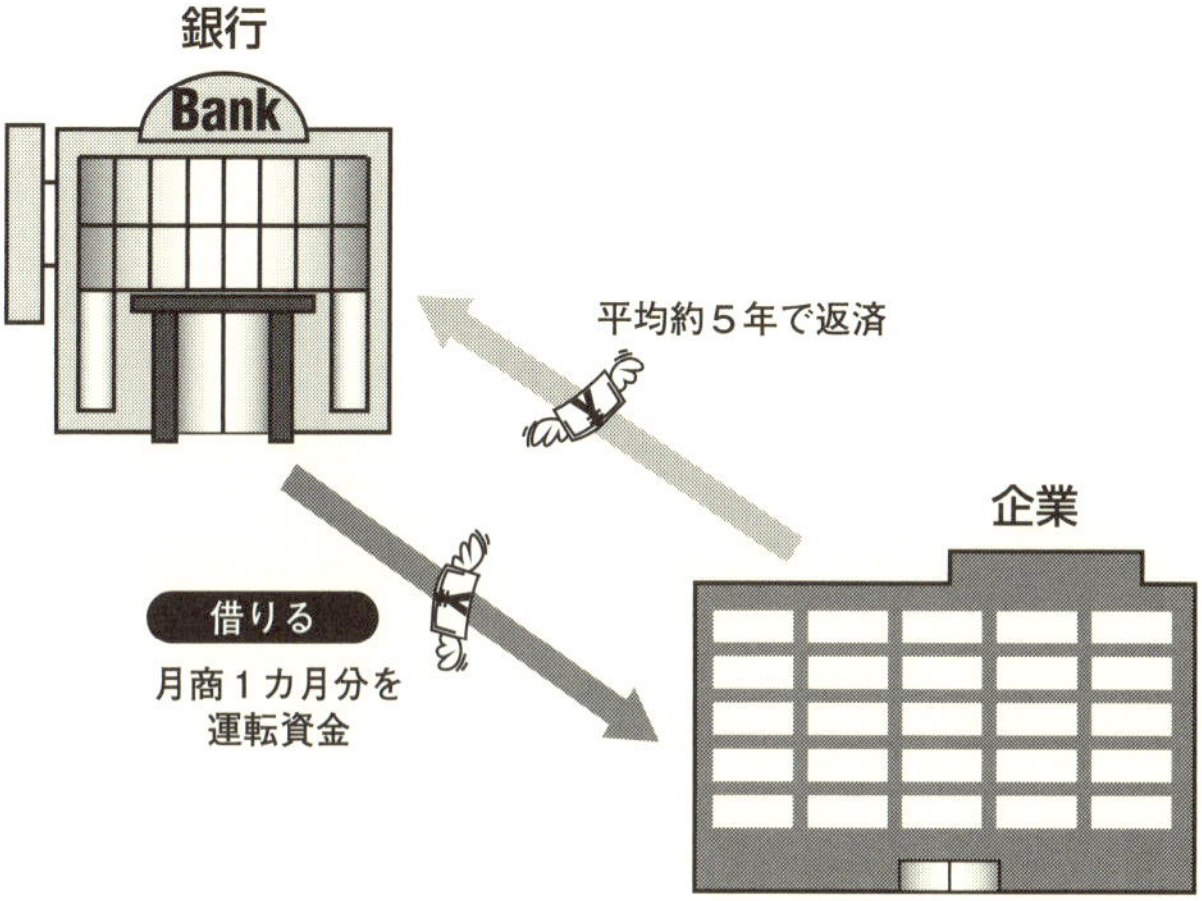

運転資金として月商１カ月分を借りておくと手元にお金があり安心

運転資金は借りたとしても、**本気で返そうと思っちゃいけません。**なぜなのかその理由をもう一度説明しておきましょう。

もし月商の1カ月分を本気で返そうとしたらいったいいくらの税引き後利益を出さなければならないことになるでしょうか？

運転資金の標準的な返済期間は5年です。月商1千万円分を借りるとしたら返済は年間200万円になります。税引き後利益で200万円ですから、税引き前を乱暴な計算で倍とすれば400万円です。

もし月商1千万円で営業利益率が10％もあるような会社なら、十分に返済は可能でしょうけど…。

借りて返してを繰り返すのが運転資金

運転資金というのを専門的に解説すると、じつに多岐にわたります。目先の仕入れの支払いにあてるのも運転資金ですし、掛売り販売するためにする借り入れも運転資金です。また、賞与の支払いのために借りるのは賞与資金です。

ですが、そういった銀行の融資の用語はともかくとしてひと言でいうと、**売った金と支払う金の不一致を埋めるための手元資金、種銭（たねせん）が運転資金**といっていいでしょう。

もっと乱暴にいうと、その使い方や必要になった原因はともかく、設備資金（設備投資）以外はすべて運転資金です。

で、この**運転資金は、会社を続ける限り、永遠に必要です。**しかも月商が大きくなればなるほど。月商が大きくなればなるほど入ってくるお金も大きくなりますが当然出ていくお金も大きくなります。

利益率がよほど高くないと、頑張って借りた運転資金を返そうと売上を大きくすればするほど逆に手元資金が足りなくなる…ということもありうるのです。

だから、**本気で返そうとしなくていいですよ**というわけです。

もともと入金と支払いをスムーズにするために借りておくのが運転資金です。設備投資に使ったりでもしなければ、その借りた運転資金がなくなることはありません。季節的な変動や何かによって、一時的に減ることはあるでしょうが、赤字でも出さない限りはいったん借りた運転資金はなくなりません。なくなるはずがないのです。

では、なぜいったん借りた運転資金が徐々になくなっていったりするのでしょうか？　それは返済の分が差し引かれていくからです。ホントに返済できるのは税引き後利益の分だけですから、もしそれを上回るような返済であれば手元資金から減っていくだけだからです。

最初からこのことがわかっていれば、なにも恐れることはありません。**徐々に資金が減ってきて日々の入出金が苦しくなってきたなら、また運転資金として借りればいいのです。**

そんなことを銀行がやってくれるのか？

やってくれます。

だって、借りたときの決算書をよく見てみましょうよ。そもそも、返済できるほどの税引き後利益が出ていましたか？

もし、返済できるほどの利益が出てないのに融資をしてくれたとしたなら、それはいったいどういうことでしょうか？　銀行は返せないのをわかっていて、わかったうえで融資をしてくれたことになりませんか？

いいんです、銀行はまた運転資金で借りてもらったほうが。

だってそのほうが、**銀行としても利息が入って儲かるじゃありませんか。**

第2章のまとめ

・借りたお金は自分で稼いでお金を返すか、持っている何かを売って返すかの2通りしかない。

・会社経営の1年間として自由に使えるのは「税引き後利益」だけ。

・貸借対照表の流動負債の部を見れば使えるお金がわかる。

・どんな規模であろうが月商の1カ月分ぐらいを運転資金として銀行から借りておくこと。

第3章

意外と知らない！
銀行の本音と銀行員の本音

決算書が融資の第一関門

銀行から会社として融資をしてもらううえで、必要最低限かつ全国共通の必要提出資料はいわゆる「決算書」です。正しくは、法人の税務申告書と決算書（貸借対照表と損益計算書その他）と勘定科目内訳書など付属資料一式です。

2000年ごろまでは、税務申告書の提出など必要なく、いわゆる「決算書」だけでの融資審査も行われたこともあったようですが、この2000年以降になってからは起こりえないことになっているはずです。

さらに、決算期から半年前後経過していると、月次試算表の提出も要求されるでしょう。この2つの決算関係資料の提出なしには、融資の審査を受け付けてもらうことはありえません。

そして、ここからが肝心なところです。

現在の融資審査は、決算書の成績がその第一関門になっています。

もし、まったく取引のない銀行での融資の申し込みをする場合、決算書が明らかに債務超過の場合は、受付すらしてもらえないこともありえます。

債務超過（純資産の部がマイナス）というのは、すでに資本金以上の赤字を計上してしまっていること。ですから**資本金以上の赤字というのは、すでに理論上は存在しえない状況で、経営破たんしているのようなものです。**

ということは、そういう会社にお金を貸すということは、存在しえない会社にお金を貸すという意味になりかねず、おかしな話になってしまうのです。

では、いったん融資した会社が、後に債務超過に陥ってしまったとしたらどうでしょうか。融資をしたあとにその会社が経営破たん状態に陥ってしまったのですから、融資の返済には重大な懸念が発生した…ということになります。

融資というのは銀行側からすれば貸付金、その貸付金の回収に重大な懸念が発生したら、それを銀行の決算上で考慮しなければならなくなります。

つまり貸倒引当金を計上しなさいということになるのです。

この一連の流れを、銀行の業務で融資先の自己査定といいます。

返済に懸念のある融資のうちで、保証や担保などで保全されない部分に対して、コンマ数パーセントから数十パーセントまで引き当てさせられることになったりもします。

融資の金利として2%や3%の金利をもらっても、自己査定でそれ以上の貸倒引当金を計上させられるのであれば、そんな企業には貸さないほうがいいということは誰にでもわかることでしょう。

土地や建物の取得のための融資をした場合、会社の業績は悪化しなくとも、その不動産の価格が大幅な下落などしたら、その分だけ担保でカバーされない状態(無担保)ということになって、それだけでも銀行の引き当て対象になるかもしれません。

融資の申し込みは、銀行側の融資事情を踏まえたうえで、しなければならないのです。

たった2ページ程度で書いてきましたが、このことだけで十分に本1冊になるほどのことです。

ちなみに融資先における銀行の決算で計上する貸倒引当金は、銀行の決算書上では費用として計上されていますが、申告書上では費用として認められていません。ということは、決算書上は引当金の分だけ業績が悪くなりますが、**税金は払わされているという踏んだり蹴ったりな状態になるのが貸倒引当金なのです。**

こういった理由で、融資の審査の第一関門は決算書となっているのです。

何かといえば保証協会付き

この本の原稿を書いている今、ワタシの顧問先である会社が銀行の融資を受けて自社ビルを購入しました。その売買価格およそ8千万円。当然、その物件には銀行の担保が付くのですが、さらに保証協会の保証まで付くことになりました。

しかもその物件、その銀行の紹介物件というか、その銀行の別の融資先が所有する不動産なのです。買主であるワタシの顧問先の会社も、その銀行ともう十年来の融資取引のある会社です。

その不動産物件のことも、買主であるワタシの顧問先の会社のことも、その銀行は熟知しているはずです。

にもかかわらず、わざわざ保証協会の保証を取り付ける慎重さですよ。

これによって**その銀行は、ワタシの顧問先が今後大幅な債務超過に陥ろうが、担保物件の評価下落が起ころうが、貸倒引当金の計上の必要もないし、貸し倒れになる心配すらなくなりました。**

中小企業向けの融資の多くは、保証協会付融資といわれる、通称信保《しんぽ》付《つ》き融資で行われています。

全国の都道府県や一部の市などには信用保証協会という機関があり、中小企業が銀行から融資を受ける際の保証をしてくれているのです。もちろんすべての融資に対してではなく、保証の依頼があり、なおかつ保証協会の審査を受けた案件に限られます。

こういった保証協会付融資に対して、**保証の付かない銀行独自の融資のことを通称「プロパー」**といいます。

どちらにしても、**貸すのはあくまでも銀行です。**

融資のお金の出所はどちらも銀行です。信保付きだからといって信用保証協会からお金が出てくるわけではありません。あくまでも保証協会は万が一（倒産など）のときに、銀行への返済を一時的に肩代わりしてくれるだけなのです。

つまり、銀行にとって、いったん保証協会の保証を取り付けてしまえば、その後はなんらリスクはない。自己査定で評価はするものの、貸倒引当金の計上の必要はなく（これを非分類といい）、万が一倒産の場合には保証協会からその融資先の分が肩代わりされて振り込まれてくる（これを代位弁済という）わけです。

信用保証協会の仕組み

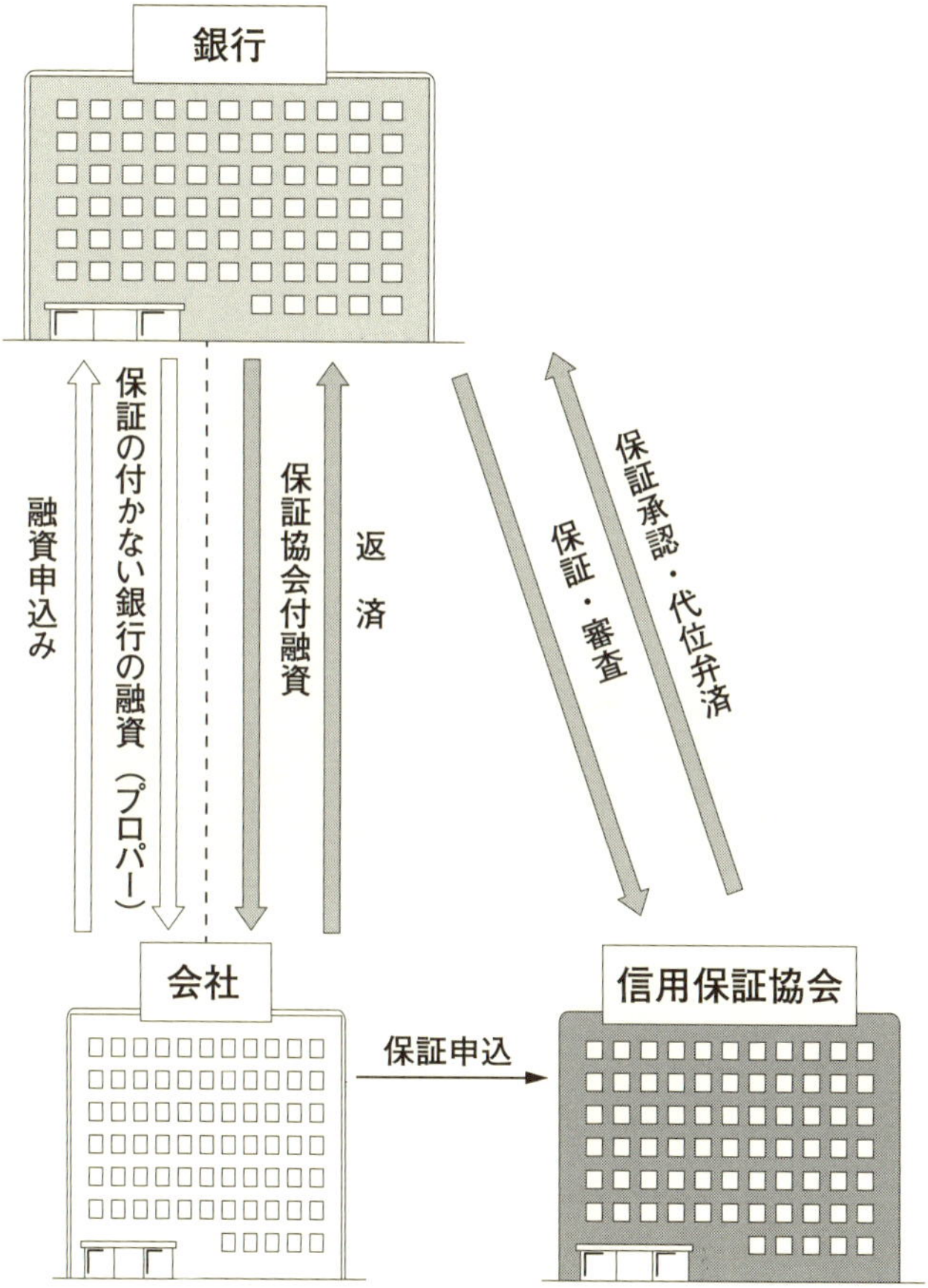
銀行
融資申込み
保証の付かない銀行の融資（プロパー）
保証協会付融資
返済
保証・審査
保証承認・代位弁済
会社
保証申込
信用保証協会

細かいことを言っておくと、保証協会付融資の中には、全額保証ではなく一部は保証されないという保証もあります。

第1章での7期連続赤字で債務超過の会社でも融資を受け続けられた理由は、この保証協会付融資のおかげです。これがなかったら、債務超過で連続赤字の会社に、いかに中小零細企業向けで銀行にとっては大きな金額ではないとはいえ、継続して融資を行えるわけがありません。

中小企業にとっても銀行にとっても、保証協会様々なのです。

銀行と協会の行き先はいっしょ

「保証協会が付こうが何が付こうが、融資を受けられるならそれでいいや…」

これが借りる側の本音でもあります。

もちろん保証してもらうには保証料の支払いが必要で、それも決して小さい金額ではありません。だけれども、だったらその分も融資に上乗せしてもらえばいいじゃないかという考えも浮かびます。

しかし、じつは融資の審査は銀行と保証協会の二段構え、関門が二箇所あるのです。

銀行の融資の断り文句にはいくつかあるのですが、この二段構えを口実に、「協会がうんと言いませんでした」と断られることも少なくありません。

だったら直接、保証協会に自分で行って交渉してやろうじゃないか！　と言いたくなるし、実際にアクションを起こしたくなるがおそらく受け付けてはもらえません。**あくまでも銀行を通してしか審査には応じてもらえない**のです。

たとえていうと、学校の推薦入学みたいなものです。自分が通う学校（銀行）でまず審査があって、それをクリアすると進学先の審査に送ってもらえるような感じ。

ただし、進学の場合は一般試験での入学もありえます。保証協会付融資の場合は一般審査のようなものはありません。

試しに、自分の居住する地域の信用保証協会を検索してみて、ホームページを調べてみてください。多種多様な保証制度が並んでいて、自分の会社が該当しそうな保証を見つけるのにあまり苦労はしないかもしれませんから。

しかし、詳しくは金融機関にご相談くださいとなっているはずですけどね。

保証協会から断られましたと言われてしまうと、中にはほんとに協会に稟議を上げたのか？　と疑いたくなるようなこともないわけではありません。ただの断り文句にしてないか？　と。

でも、それをたしかめる術はこちらにはないのです。もし直接協会に問い合わせをしたら（○○銀行から審査があったかと）、はたして協会は答えてくれるのでしょうか。

そのいかんにかかわらず、そういう問い合わせがあったことが銀行に連絡がいくことだけは間違いないでしょう。

さらに、この保証協会付融資は、それぞれのエリア（地域）で一箇所であり、なおかつエリア内の金融機関すべてで活用できる。ということは、複数の金融機関から融資を受けて、なおかつそのすべてが保証協会付き…なんてこともありえます。

あっちの銀行から断られたからこっちの銀行に申し込んだら、結局、行き先は保証協会だった…なんてことが現実にありうるのです。

自治体が融資してくれるわけではない

第１章で、「創業融資」を自分の居住もしくは営業する自治体で検索してみましょ

う と書きましたが、だからといって別に東京都や○○県や△△市役所が直接融資をしてくれるわけではありません。

ここがまた紛らわしいというか複雑というか、融資を受けるのが面倒になったり嫌いになったりする理由にもなっているかもしれません。

こういった自治体が行っている融資制度、俗に制度融資や制度資金と呼ばれたりするのですが、**貸すのはあくまでも銀行であり、保証をするのは保証協会です。**

イメージでいうと、保証協会という大きな箱の中で、国、都道府県、市町村と3つに分かれていると思ってよいでしょう。

なぜ3つに分かれているかというと、最終的に、万が一融資先企業が倒産したりした場合のその貸付金の最終負担をするのが、どの役所なのかの違いです。極めて乱暴に言うと、最終的には税金で負担してもらうことになるわけですよ。

じゃあ、通常の保証協会保証（国）と何が違うかというと、それぞれ該当条件が違っていて、融資の枠も別々となっていること。この通常の保証を使いきってしまっても、「県」の制度に該当するからそちらを使って融資を受ける…ということも可能になりますよということです。

結局、自治体の融資制度について調べてみても、詳しくは金融機関にご相談くださいと書かれていることが多いのです。

おまけに、前項では保証協会融資は二段構えと書きましたが、自治体の制度融資を使うとなったら、二度手間ならぬ三度手間になる。制度融資を受ける場合の第一関門の多くは、該当することを自治体から認定してもらう必要があることが多いのです。まず自治体から認定してもらい、それから**（または平行して）**金融機関に融資の相談を行うのです。このかっこ書きで、または…と書いているのは、ここの部分が微妙であり重要だからです。

この自治体の制度融資はもちろん、前項の一般的な保証協会付融資にしても、各種の条件があり、まずはそれらに該当することが第一条件になります。ホームページなどで調べることができる条件に該当しなければ、その先に進むことができません。

しかし、該当さえすれば必ず融資を受けられるかというと、そういうことではありません。該当して、そのうえで、銀行が融資をする審査をして銀行内部を通過して、保証協会でもＯＫが出たら、そこまでいって融資が実行されるわけです。

融資情報や制度に詳しくなればなるほど、調べるほど、誤解しがちになるのですが、順番は必ずしも保証協会が先でもないし、自治体が先でもない。だからといって、必ずしも銀行が先というわけでもない。日本全国どこの地方や金融機関であっても、条件に該当するだけで簡単に融資が受けられるような融資はありません。

結果として、借りる側としてはトントン拍子に話が進んで、なんの苦もなくあっさり借りられたとしても、申請するだけで借りられるそんな融資は絶対にありません。

ではなぜ簡単に借りられることがあるのかというと、条件に該当するのは当然として、銀行が貸したかったからです。

誤解を恐れずにいうと、**融資の秘訣はまず銀行をその気（融資をしたいという気）にさせて、なおかつ貸しやすい制度を自分で見つけておくこと**です。

だから、平行してと、ただし書きをしました。では、かっこ書きなのはなぜか？

交渉の極意は指定しないこと

ワタシの仕事は資金繰りのコンサルタント、こういった融資のアドバイスをするのが仕事です。当然、こういった融資に関しては詳しいと思われているのですが、じつは案外そうでもありません。

ぶっちゃけて言いましょう。全国の保証協会の制度の内容なんて覚えきれませんし、ましで全国都道府県の自治体の制度融資までとなったらなおさらです。全国はおろか自分の地元の県だけでも大変です。

ワタシが調べるのは、相談があった企業の地域の保証協会や自治体のホームページで該当条件を調べるだけです。

たとえば、ある会社がここ数カ月売上が前年より下がって資金繰りが苦しくなってきたとしましょう。とするならば、その会社が存在する地域の保証協会や自治体で、売上が下がってきた中小企業を対象にした融資や保証制度があるかどうか調べます。

仮に売上が下がった原因が、世界不況や円高かもしれませんし、大きな災害の影響かもしれませんし、あるいは全然関係ないかもしれません。

でも、原因まで特定されている融資というのもありますが、多くは関連融資として原因まで特定されないことも多々あります。

調べるのはここまで。

後は、**普段から融資取引のある銀行などに、「最近〇〇関連の影響で業績が悪化し**

てきまして…」と融資の窓口に行ってもらうだけです。

間違っても、○○対策融資制度の申し込みに来ました…などとは言わせません。

なぜか？

言われたほうの銀行員の身になって考えてみましょう。

融資というのはいってみれば銀行の商品です。銀行独自の融資商品もあれば、保証協会付融資から自治体の制度融資まで、そのアイテム数はといったら、とても融資担当者が覚えられるような数ではありませんよ。

おまけに融資という商品は店頭に置いてあるわけではなく、そのすべてがオーダーメイドみたいなものです。

中には決算書をパソコンに入力して、後は結果がOKなら一丁あがり！　みたいな大手銀行のスピードローンのような融資もあるにはありますが、それにしたってイージーオーダーなだけで、オーダーメイドに変わりはありません。

借りる側にとって融資を受けられるかどうかはそれこそ死活問題ですから、調べられることは必死になって探すでしょう。

だけど、そうして調べた融資制度のことを、融資担当者が必ずしも知っているとは限りません。発表された直後であれば、ほぼ知らないといっていいでしょうし、仮に知っていたとしてもその制度を使って融資を実行した経験があるとも限りません。

たとえ融資担当者として十分な知識と経験があったにしても、自分の判断がそのまま店内稟議の判断とは限らないし、まして銀行本部や保証協会の判断となるとは限りません。

もし、**こちらが指定した融資制度を融資担当者が知らなかったとしても、知りませんとは言いにくいと思いませんか？** でも言われたから一応調べてはみるけど…なんて気分で取り組まれたら、通るものさえも通りませんよ。

だって、**ホントに優良な企業だったら、そんな制度や保証など使わずに、プロパーでやりますもん。**

貸す気になったら大義名分は銀行が見つける

銀行には、融資の目標額があります。融資の残高、融資の種類ごと、担当者ごとに事細かに設定されています。

預金取引などの目標額があるのはまだわかりますが、融資の目標というと少し疑問に思われるかもしれませんね。なぜなら、融資というのは借りたい人（会社）を探してさえくれれば誰にでも貸せるものではないですから。

でも、銀行の構造を考えてみれば、預金を集めてくるだけでは銀行としての商売は成立しないのです。集めてきたお金を、貸せる人を探して貸してこそ、そこで初めて銀行としての商売が成り立つのです。

つまり、銀行は常に貸せる相手を探している。それも、こちらが思っている以上に探している。なぜならば、いったん貸し出したお金は、毎月返済されていくのですから、新たな貸し出しをしなければどんどん減っていってしまいます。

貸せるものなら、申し込みに来た人すべてに貸したいくらいなのです。

ここが、銀行員と交渉するときに、もっとも誤解しがちなところです。どれほど高飛車で偉そうにしている融資担当者であっても、心の内はそうではありません。

貸す側にとって楽に貸せる先、苦労せず貸せる先の条件を想像するのは簡単です。決算書さえよければなんの苦労もいらない。

でも、そういう楽に貸せる先というのは、えてして借りてくれないことが多い。決算書がほんとによければ、儲かっているのだから金はある。そういう会社になんとかお願いして借りてもらうとなると、当然、金利も低くなる。つまり銀行にとっては儲からない。

むしろ、少々業績が悪い会社くらいが、貸す側にとっては有利な条件で貸すことができる。**すべては需要と供給のバランス、どの業界のビジネスでも同じです。**

しかし、銀行にとってもっとも儲かる融資先というのは、簡単に貸すことができない仕組み（ルール）になっているからやっかいなわけ。

であるならば、状況は悪い（債務超過などで）のだけれども、貸せる口実、大義名分を与えてやればいいのです。

その理由のひとつが、保証協会などの保証付き融資です。自分の銀行の取引先であっても業績が悪く銀行独自の融資はできないけれども、そこを保証協会が保証をしましょうとなれば、銀行としても貸し出しに応じることができる。

そうすると、そこをクリアするには銀行としての大義名分が必要。理屈で考えれば業績の悪い会社に、大切な預金者のお金を貸すわけにはいかない。ですから、地域性とか社会性を考えて、経営努力している企業の支援をしましょうという気にさせなければならないわけです。

業績が悪いのであれば、今後どうやって改善していくかの計画を作って出しましょうというのは、その大義名分なのです。

考えてもみてほしい。

過去何期も連続して赤字が続いているような決算書だけ提出されて、いったいどうやって貸す口実を考えられると思います？

それってもう、**融資じゃなくて、お金をあげるのといっしょ**ですよ。過去連続赤字の実績をそのまま将来に延長して考えたらこの先も赤字になるとしか考えようがないじゃありませんか。

いくら経営状況が悪化している企業向けに保証協会の保証があるとはいっても、協会だってその見方、考え方はいっしょでしょう。

ここを勘違いして、担保や保証さえあれば銀行は融資に応じてくれるだろうと交渉して断られたりするのはこの理由があるからです。担保がありさえすれば貸すというのは、見方を変えると担保を売って借金を返すということになりかねません。

それはそれで融資をする際の審査の仕方のひとつではありますが、銀行のやることではありません。

考えてみれば、融資の審査で事業計画や資金繰り表を会社で作って提出するというのは当然のように思えます。第1章で話した創業融資などでは必ず事業計画書の提出が条件ですし、そのフォーマットまで用意されています。

でも、その後はじつはそうでもないんですよ。

どこにも正確なデータはありませんが、会社側が自ら計画などの資料を作って融資の申し込みに臨むケースはかなり少ないでしょう。

なぜなら、決算書が審査の第一関門になってしまったので、**決算書さえよければ改善計画書など必要としない**からです。

で、業績がよくなくて、改善計画が必要とされる会社ほど、作ってはくれない…じつは**計画書があるだけで、評価があがるんですけどね…。**

一番賢い借り方は銀行がいかがですか、といってきたとき

乱暴に言うと、融資の審査というのは、断る材料と貸せる材料のどちらが多いかです。断る材料の主な要因は決算書の良し悪しである一方、貸せる材料は担保や保証もあれば今後の事業の発展性（回復性）など多岐にわたります。

で、貸せる材料の基準は、必ずしも一定ではない。同じ銀行内で同じような決算状態で同じような借り入れであっても、通るものもあれば、なぜか通らないものもあるというのも珍しい話ではありません。

よくも悪くも、融資に絶対はない。稟議はあげてみなければわからないのです。しかも銀行の評価は相対性といって、その銀行の内部での位置づけです。自社が前年より業績を10％アップしていても、他社が20％アップしていれば評価は低い。

あっちの銀行で評価が高くとも、こっちじゃ低いということも全然ありうるのです。

おまけにその基準、その時々によって変わる。上がったり下がったりします。といってもどこかに相場表みたいなのがあって掲示されているわけではありません。つまり、

銀行が銀行の貸したい事情で貸したいときには、当然甘くなるってわけです。

ということは、もっとも賢い銀行から融資を受ける方法があるとするならば、そのタイミングは銀行が貸したいとき！

それは、よくいわれるように9月や3月の期末前で貸し出し目標が足りないときかもしれませんし、○○キャンペーンとして何か推奨しているときかもしれませんが、共通していえるのは、銀行の渉外係もしくは融資係から、銀行のセールスから○○資金はいかがですか？　と勧められたとき、それがもっとも賢く借りられるタイミングです。

言われてみれば、これって、どんなモノの売り買いであってもそうじゃありませんか？　相手から売りたいといってくるのであれば、そこで値段を下げさせるなり何かよい条件を付けさせるなりしやすいってもんでしょう。

言いましたでしょ。銀行のほうでは常に貸し出せる先がないかと必死になって探しているんです。どうやって探してるかはじつに様々です。なんとかリサーチなどのデータから探したり、新聞の地元経済欄は毎日見てるでしょうし、評判（うわさ）も気にしてるでしょう。

でも想像してみてください。

銀行の融資のセールスはかなり難しいですよ。他の商品であれば欲しい人を探せば半分は成功したようなもんです。いざ買う段階となってお金がないようならローンが組めるかどうかの心配をするだけです。

でも融資の場合は、借りたい人（会社）を探すだけでは半分も成功していません。だって、貸せるかどうかはふたを開けてみるまで（**決算書を見るまで**）わからないんですから。

御社は業績が好調そうですが、運転資金の追加の必要はありませんか？

あ、そう、じゃヨロシク…っていざ決算書を見たら真っ赤っか…じゃお話にならないんです。だからといって、御社は業績がよさそうですが決算書は債務超過になってませんよね？　なんて聞いたりしたらそれこそ**帰れ、この野郎！**　ってもんです。

業績が不振な会社向けの保証付き融資のセールスはもっと難しい。御社はじつは売上が前年より下がってやしませんか、それならばピッタリの保証協会付き融資があるんですが…**大きなお世話だ、この野郎！**

こうして考えると、もっとも融資のセールスがしやすいのは、普段から融資取引のある会社さん…でしょうね。普段というのを言い換えると、定期的に。もっと具体的にいうと、長くとも3年とおかずに借り入れの実績があるところ。

さらにいえば、最近の業績が常に把握できてる関係の融資取引先。最近の業績を常に把握できる関係というのは、月次の試算表を見せろといわなくとも見せてくれる融資取引先のことですよ。

銀行は情報の宝庫

情報、情報とよくいわれますが、その情報が一番集まっている場所はどこだと思いますか？

そう、銀行です。

銀行にはありとあらゆる情報がもっとも集まっています。

なぜなら、いまどき銀行を通さないで、銀行口座を使わないで事業をやっている会社なんてありませんでしょ。

振り込め詐欺といわれる犯罪ですら、銀行口座を使っていますし、非合法なお金でさえなんらかの方法で銀行口座を通じて動かしているわけです。

どこのだれだれさんが見かけによらずほんとはお金持ちで、景気良さそうにしている会社がほんとは資金繰りに困っているかも知っているのも、どこの会社が次にどんな事業展開しようとしているかを知っているのも、全部銀行です。

もし、欲しいものがあって、それがまだ決まってなくて、しかもそれが銀行から融資を受けないと買えないようなものだったら、**銀行に相談しちゃいましょう。**

相談というと大げさに聞こえますが、そういう話も世間話、お茶飲み話からです。

「最近、仕事が増えてきたんだけど、店（工場）が手狭になってきて困ってるんですよ」

というよくありふれた話をしただけで、ひょっとしたら次の引っ越し先を探してきてくれるかもしれません。

それも単なる引っ越しではなくて、自社物件の購入という形で。

融資の中で何が難しいかといったら、運転資金よりはるかに設備資金です。

運転資金は試算表や計画書がなくとも決算書だけで審査するのは可能ですが、設備資金は業績好調であろうとそうはいかない。必ず、設備投資計画を出してくださいとなる。

いざ提出してもらったところで、はたしてその計画が実現性の高いものなのか絵に描いた餅にすぎないのかは、計算間違いでもなければ銀行員に判断するのは極めて難しいことです。

おまけに不動産担保の評価となったら、高度成長期で右肩上がりで不動産の価格が上がり続けた過去の時代ならまだしも、いつ担保価格が下がるかわかったもんじゃありません。

その不動産に担保の掛け目は今も昔も七掛けか八掛け。担保をとる場合、その担保物件の将来の値下がりなどを考慮して、その時点での担保価値（相場や評価）より少なめに融資します。このことを担保の掛け目（掛け率）といいます。つまり、最低自己資金が2割か3割必要なのが設備投資計画のイロハのイです。

これを**自社で物件を見つけてきて計画を立てて、銀行に自分で話を持っていって稟議を通すなんて、考えただけでも至難の業**です。

だったら、最初っから銀行に話を持ってきてもらって、それにのっかっちゃいましょうよってことです。

自己資金ゼロで自社ビル購入

それが何年も融資取引を継続していて、決算書はもちろん試算表まで定期的に提出している銀行から提案されたら話は早い。なぜなら、貸せるかどうかの判断は店内でもうやってきたうえで、こういう物件いかがですかとなるわけなのですから。

銀行は情報の宝庫です。

中でも不動産に関する情報は、もっとも銀行の得意とするところ。なぜなら不動産の取引には融資がつきものです。売主がやはり銀行からの借り入れで購入して資金繰りの事情で売却することとなったのなら、それはもう真の売主は銀行です。

銀行の担保が付いてないまっさらな不動産ならともかく、いったん担保（抵当権や根抵当権）が付いてしまったら、所有者が売りたくとも銀行の承諾なしに売ることはできません。

だったら、最初から銀行が持ってきてくれた物件を銀行と話をしたほうが早いってもんです。そうすると気になるのは、いつの時代でも誰であっても、少しでも値段を安く買いたいというその気持ちです。

しかし、よく考えてみましょう。もともと不動産の相場なんて素人が少しくらい勉強したところでわかりっこありません。銀行も不動産業者もその道のプロ。本人が安く買い叩いたと思ってじつはハズレだった話なんて山のようにあります。

そんな交渉に時間と労力を使うくらいなら、純粋に立地条件の良し悪しの判断に注意して、値段は適当なところで折り合いましょう。

だって、その値段の分、全部銀行に出して（融資）もらえばいいんですから！　出ますよ、**自己資金なしでも、全額、銀行から。**

先ほども述べましたが、この原稿を書いている最中に、ある顧問先が銀行から提案された不動産物件の購入資金で、自己資金ゼロで全額融資が実行されました。諸費用（仲介手数料や登記費用や不動産取得税など）コミコミで8千万円、おまけに当面の運転資金2千万円まで！　返済は建物の残存耐用年数ギリギリの20年で。

ちなみにその会社の前月の試算表が目の前にありますが、純資産の部は…△（マイナス）400万円ですね。資本金は3千万円ですけど、純資産の部は△400万円ということは、繰越利益は…。

いや～、銀行って、出してくれるもんですね！

補足しておきますと、この会社の資産の部の一番下の繰延資産の2千万円は税法上のものですから、実質的には資産価値はありません。当然そのことは銀行もご存知でしょう。ということは、実質的には2400万円の債務超過！　かもしれませんね（ってことは資本金が3千万円だから5400万円の繰越○○？）。

融資は融資が集まるところに寄ってくる

金は金のあるところに集まるといわれたりしますが、融資にも同じことがいえます。ひょっとしたら銀行員同士で情報交換していて、あそこの会社に行けば借りてくれるよ…なんて会話がされてたりして…。なんてことはありません。

なんのことはない。なぜそんな現象になるかというと、**会社の規模に合わせて取引**

銀行を増やしていくだけのことです。決算書の科目内訳書11番、借入金の内訳明細を見れば、どこの銀行がいくら出しているか（貸しているか）はわかります。それが二期三期とあれば、どこの銀行がどういうスタンスでいるか、貸し込んでいるか引き揚げつつあるかは、残高から判断ができます。

不思議なもので、あそこの銀行が出しているならウチも…という心理が作用することはあるかもしれませんし、ときによってはあそこの銀行に負けるな！ということも。

ではいったい、いくつの銀行と、どこの銀行と付き合ったらいいかをいいましょう。

中小企業であれば、せいぜい3つもあればさしあたっては十分です。

その3つは、**政府系金融機関、信用組合か信用金庫、そして地方銀行**です。政府系金融機関が筆頭にくるのは、第1章でお話しした通り、創業間もないころの融資にはやはり国、政府系金融機関は欠かせません。あるいは、全国的な不況や災害の際の融資にも国の金融機関は頼りになるところです。

意外に盲点なのが、信用組合や信用金庫でしょうか。本来、街の金融機関、中小零細企業の金融機関といえば、じつはこの信用組合や信用金庫なのです。なぜなら、法律で決められてるからです。

この信組と信金、法律によって、中小企業専門の金融機関として認められているのです。認められているというか、法律によって、大企業には融資することができないのです。業種や資本金、従業員数によって、担保や保証にかかわらず融資できる限度額が決まっているのです。

どうぞ、ぜひ信用組合や信用金庫のホームページから、融資の限度額をご自身で調べてみてください。その融資限度額の対象から外れている規模の会社は、中小企業ではありません。たしか…信用組合の融資限度額は4億円でしたでしょうか。

そうはいっても、やはり**取引銀行が1行だけというのは心もとない**ものです。銀行を情報の宝庫といいましたが、情報量でいえば、**大は小をかねます。**

信用組合や信用金庫は営業エリアも限定されていますし、店舗数も少ないです。情報の多さでは地方銀行にはかないません。

それになにより、同じ金額の融資とはいうものの、銀行の規模によってそこはやはり差が出ます。たとえば貸出金利というのはいってみればものの値段みたいなもの。小企業より大企業のほうが値段は安くできるのと同じで、大きい金融機関のほうが低

銀行は3行と取引きしよう

政府系金融機関

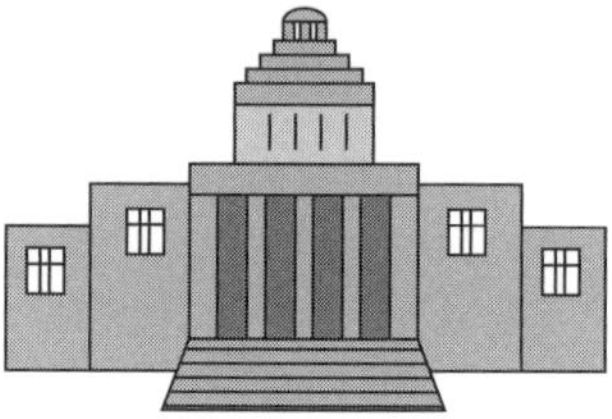

・創業間もない場合は頼りになる

・不況や災害時などに強い

信用組合 or 信用金庫

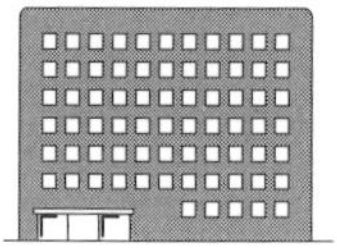

・地域密着型で中小企業専門の
金融機関である

地方銀行（都市銀行）

・情報量が多い

・低金利の場合もある

銀行との取引もリスク分散しよう

金利で出せることは多いでしょう。

なにより、扱う預金量がケタ違いであれば、その重さもケタ違いでしょう。信用組合や信用金庫にとっての百万円と地方銀行にとっての百万円では重みが違ってきます。これが単位が上がって千万、億単位になったらなおさらです。

もし信組や信金で融資限度額4億円まで実行している会社があって、それが倒産でもされて担保や保証でカバーされない金額が億単位発生したなら、その信組や信金の経営自体が傾きかねませんよ。

つまり、信組や信金にとって億単位の大口融資先というのは、融資先企業と一心同体といってもいいくらいなのです。だからこそ、借り手が苦しいときは貸し込んでくれるってわけです。

第1章で不況によって売上が10分の1になった会社に貸し込んでくれた実例を紹介しましたが、企業を助けるためじゃありませんよ。自分（信組）のために貸し込んだようなものです。それをどう解釈するかはいろんな考えがあるでしょうが、もし地方銀行だったら貸し込まないのはたしかでしょうね。1億円や2億円の貸し倒れの実損が発生しても、地方銀行の規模なら痛くも痒くもないでしょう。

で、中小企業が都市銀行との融資取引をすることに関してですが…ここまで話したら解説は必要でしょうか。**都市銀行にとっての1億円は地銀にとっての1千万円、信組や信金にとっての百万円くらい…だったりして。**

浅く広く誰とでも仲良く

業績がよい状態のときは、次々と銀行が寄ってきますし、口をそろえて「ぜひウチで」と言ったりします。

ぜひウチですべてやらせてくれと。

ウソです。そんな言葉を信じちゃいけません。

もし、そんな言葉を信じて**1行取引なんてしてしまったら、その銀行の言いなりにならなきゃいけなくなってしまう**のを想像するのは難しくないじゃありませんか。

あまりよくないたとえかもしれませんが、結婚したとたんに態度がガラリと変わる男女関係に似ているかもしれません。

何をもってメインバンクとするかの定義はどこにもありません。融資内容や融資残高によって変わってくるでしょう。当然、残高の多い銀行がメインバンクかと聞かれればそうかもしれません。

でも、不動産などの設備投資の融資の金額が大きくて、それも何年も前に借りただけでその後は運転資金の借り入れはない…となったら、融資残高が多いというだけではメインバンクとはいえないかもしれませんね。

要は、**借り入れの使い道によって銀行を使い分けしましょう**ということです。金額が大きくなる不動産などの設備資金を借り入れする（してもらう）銀行、通常の長期の繰り回しの運転資金をしてもらう銀行をいくつか、短期の季節資金の融資をしてもらう銀行…というように。

業種や規模に関係なく欠かせないのは、自分の会社の地元に本店のある金融機関との取引でしょう。

A県に本店所在地がありながら、気がついたら融資残高が多いのはB県に本店がある銀行…どうなんでしょうか、それって。

たとえば中小企業の融資に欠かせない保証協会は、各都道府県（一部の市にも）ごとに1団体ずつ保証協会があります。でも、利用できる金融機関は、同じ県内に営業店舗があれば本店所在地は他都道府県でもかまいません。

でも、同じ地元の金融機関からあがってきた案件と、他県の金融機関からあがってきた案件、同じ扱いならいいんですけどねぇ…。

銀行ってほら、他県に進出したりしますけど、いざ業績不振になると、撤退したりしますからね。**保証協会付融資というのは、最後にかぶるのは保証協会です。**同じ地元であれば、そう簡単に代弁請求しようというわけにもいかないいんじゃないかな…。

なんとなく、金融機関によって、保証協会を通しやすい銀行とどうも弱そうな銀行があるような気がするのはワタシの考えすぎでしょうか。

案ずるより借りるが安し

資金繰りに困らないコツ、融資で悩まないようにするコツは、業績が好調のうちに（銀行がいかがですかと言ってくるうちに）、**少し早いかなと思ううちに借りておくこと**です。

ワタシが相談されたときは、むこう1年借りなくてもいいという根拠のある自信があるときは断ってもいいでしょう、と答えます。

根拠のある自信とは、数字のある根拠、資金繰り表とかであって、意気込みとか固い決意とかじゃないですよ。むこう1年は運転資金に困ることはないし、設備投資をする予定も考えもないというときです。

運転資金に困らないということは、現在の借り入れ返済以上の税引き後利益もあるし、季節変動も心配なく、売上が増えることによって手持ち資金が必要になる（増加運転資金）こともない…というようなことです。

ええい！　もっとわかりやすくいいましょう。

ここまでこの本をお読みいただいて、自分の会社の資金繰りや決算書になんら心当たりなどない！　という方は、銀行から融資を勧められても断ってもいいでしょう。

仮に決算書の数字を見せられて、ここここことが該当するんじゃないのと**ワタシが指摘したところで、ご本人さんに自覚症状がなければどうしようもありません。**

銀行員が融資を勧めてくるというのも、銀行の貸し出しを増やしたいという事情もあるのですが、銀行員として外から見てこの会社はいずれ資金需要が発生するんじゃないかというのを敏感に察知しているからともいえるのです。

だから、言われたほうはまだ自覚症状がないから、なんでいまそんなこと言ってくるんだ？　となるわけです。

逆に、業績に少しでもかげりが出てきたら、早めに該当しそうな融資制度がないかどうか調べましょう。

こうなってくるとまるで病気と同じです。熱が出たら、咳が出たらお医者さんに診てもらいましょうというのといっしょです。

案ずるより借りるが安し！

ここまでで心当たりが少しでもあったなら、とりあえず、運転資金の借り入れをしておきましょう。

とりあえずという言葉は決して悪い表現ではありません。いずれ必要になるのなら、まずは借りることに慣れておくことは大切です。

そして、銀行にも貸すことに慣れてもらうのです。

企業と銀行、馴れ合うのは決して悪いことじゃありませんよ。

あればいつでも返せる

早めに（多めに？）借りておくことを勧めると、返せなくなるのを心配される方がいます。いや、借りても返せなくなると困りますから…と。その心配はごもっとも。でもですよ、**借りても使わなければ、いつでも返せますから！**　違いますか？

使ったりしなければ、その借りた分のお金は、試算表の預金残高に当然載ってきます。その同じ分だけ、負債の借入金に載っています。預金にもあるけど、借入金にもある。あればいつでも返すことはできるのです。

おかしなもんで、資金不足の自覚症状がないうちに借りたりすると、つい使っちゃおうかな、せっかく借りられたからこの際在庫を増やしちゃおうかな、とか新しい機械を入れちゃおうかな、なんて考えたりするようなんです。

預金残高が増えると、気が大きくなっちゃうんでしょうかね。そんなふうに使っちゃうから、返せなくなるのです。

落ち着いてよく決算書や試算表を見れば、月末の預金残高がちょっと増えたところで、使っていい金が増えたわけではないことはおわかりと思います。**ホントに自社で使ってもいいお金は、純資産の部だけ**なんですから。

こうして早めに多めに借りておいて、後からよかったと思えるケースがありました。借りた後から予想外の業績悪化があって助かった…ってことではありません。こういうことも十分にありうることですが、そのケースは逆です。

予想外に利益が出てしまったのです。早めに借りたときは決算直後のことで、まだ新年度の利益の見通しなんてまるでありませんでした。が、月日を追うごとにぐんぐんと利益が増えていって、いよいよ決算が近づいてどうしようとなったんです。

どうしようといったって、**決算月になってあわてててできる節税なんて、たかが知れています。**節税というのは、結局は会社の外にお金を出さなきゃいけないわけですから、そもそもそんなお金は…あった。借りておいたお金があったじゃありませんか。

というわけで、この会社のケースでは、専務取締役の先代社長の奥さん、つまりは現社長のお母さんなんですけど、退職してもらって退職金を支払うことにしました。

親子経営の会社でいざ親に退職金を払うとなると、そのお金に苦労したりすることが多いのが現実です。

でも、今回のケースではお金がありましたので、キャッシュでポーンと自分の母親である専務取締役に退職金を支払えました。

もしこれ、自分の親に退職金を払うから融資してくれと銀行に言ったら…ちょっと難しいことになったかもしれませんね。退職金を払うために融資か…それは聞かなかったことにして通常の運転資金でやりませんかとなることが多いかもしれませんね。

でも結局は借りたお金で退職金を払ったことには変わりはなくて、返さないといけないことになるわけですけど、ほら、その退職金は他人に支払ったんじゃなくて、自分の親ですよ。当然、親としても使う必要のないお金です。個人名義で預金をしてたらそれでいいじゃないですか。

会社と個人を同一で考えたら、たとえ預金名義は個人であっても、お金さえあればいつでも返せるんですから。

ちなみにその退職した専務（お母さん）に**支払った退職金は、メインバンクにお母さん名義で預けてあります。**こういうの、いまだに銀行としては喜びますよ。

第３章のまとめ

・銀行からの融資の第一関門は決算書である。

・融資の審査は断る材料と貸す材料のどちらが多いかが重要。

・銀行から借金を勧められたときこそ賢くお金を借りるタイミング。

・中小企業は政府系金融機関、信用組合か信用金庫、地方銀行の３つの金融機関と付き合うこと。

第4章

借り手の返す技術と返さない技術

いくら借りておく？

いま目の前に、ある会社のある月の試算表があります。**預金もありますが小額ですので無視する**として、売掛金は6千万円で買掛金が4千万円となっています。ということは、売掛残から買掛残を差し引いたその差額の2千万円の運転資金があればいいでしょう…というのが融資の教科書などによく出てくる運転資金の計算の公式です。

少し頑張って頭の体操をしてみましょう。

売掛金	6千万円	買掛金	4千万円
		資本金	2千万円

この状態に2千万円の借り入れをすると、

預金	2千万円	買掛金	4千万円
売掛金	6千万円	長期借入金	2千万円
		資本金	2千万円

これで当面の資金繰りの心配はなくなったでしょうか。とりあえず2千万円の預金があれば当面の支払いに困ることはない…ホントでしょうか。買掛金は4千万円ありますのでその半分の2千万円しかありません。

では、あとの半分の支払いはどうするのでしょうか？　それは、売掛金が6千万円もあるからその入金を待って…、それしか支払いはできませんよね。

でも、それだったら、もともと6千万円の売掛金があるわけですから、その入金を待てば買掛金の支払いに困る必要はないはずです。

つまり、現実的な支払いを考えれば、**月末の時点で当面の支払い（買掛金や未払い分の預金残高がなければ、入金を待ってからしかできない自転車操業です。**

ということは、ここでは、4千万円の借り入れをしておくのが、現実的な運転資金の借り入れです。

もっと現実的な表現をすれば、当月の試算表を当月中に確定させることはほぼ不可能ですから、翌月以降に支払うべき請求書の合計ということになるでしょう。

でも、ホントに4千万円だけ借りておけば安心でしょうか。支払いは買掛金や未払金だけではありません。当月分の経費の支払いだってあるじゃないですか。だったら、そこまで考えると、売掛金の6千万円分を運転資金として借りておいたらどうでしょう。

もしこのケースが掛売り100％であれば、ちょうど月商の1カ月分ということになります。これだけ借りておけば当面資金繰りの心配はしなくてもすむでしょう。

なぜなら、その借りた6千万円はずっと預金残高に残っているはずですから。いや、正しくは、返済分だけは毎月減っていきますけどね。

立替的運転資金は返済分だけ減っていく

こうした、入金と支払いのズレを埋めるための運転資金は、たとえ借りたとしても減っていくことはないんです。ただし、自力返済するだけの税引き後利益がなければその返済分だけは毎月預金残高から差し引かれますので減っていきます。

でも、このことがわかってさえいれば、借り入れしても返せなくなるんじゃないかと心配することはありません。**もともと本気で返せると思わなければいいんです。**

このケースで6千万円の運転資金を5年返済で借りたとしたら、年間1200万円の返済です。仮に損益がトントン、税引き後利益がないとしたら、預金残高から毎年

1200万円減っていきます。

なんとか2年くらいは減っていく預金残高で繰り回したら、また借り換えをするか、他の銀行から借り入れをするかというところでしょう。

気をつけたいのは、こういった立替的運転資金ではなく、**在庫資金としての借り入れ**です。

もし常時店頭に並べておく在庫などの資金を借り入れで行うとなると、返済分の税引き後利益がないと、手元資金は徐々に苦しくなっていきます。返済するだけの利益がないとしたら手元にある預金が減っていくだけです。

仮に2千万円の在庫資金が必要で全額を銀行から借り入れしたとしましょう。5年返済であれば年間400万円の返済です。

つまり400万ずつ手元の預金が減っていきます。手元に預金がなければ在庫を減らすか、在庫を減らしたくないとなれば買掛金が貯まっていくことになってしまうでしょう。

この場合、もし在庫資金のほかに運転資金としてあと1千万円よけいに借りておいたらどうなるでしょうか。3千万円の5年返済は年600万円です。

よけいに借りた1千万円はそのままその返済に回したとしたら2年分の返済に2百万円ほど足りないですけど、2年近くは在庫を減らすことなくやっていくことができます。

返す分も借りておく

借りたら返さなきゃいけません。

であるならば、返す分も借りておきましょうということです。結局、返せるかどうかというのは、税引き後利益があるかどうかです。

立替的な運転資金であれば、最初から返せると思わないほうがいいですし、**在庫資金であっても借りたお金を使って在庫を回していくんだと思ってさえいれば、借り入れすることも怖くはありません。**

とはいっても、毎月返すという形は取らなければいけませんから（実際に口座から引かれますし）、その分も見越して借りておきましょうというわけです。

でも、言うは易し行うは難しで、実際に銀行から借り入れするときにどう話したらいいのかが心配になると思います。

ここで、最大の注意点をお話ししておきます。

くれぐれも、これまで話してきたこと、とくに本章での「立替資金として借りたい」とか、「返済分として多めに借りておきたいんだ」などと正直に話してはいけません。

たとえば、月商の1カ月分を借りておきたい場合は、「入出金のズレで資金繰りが忙しくなるから1カ月分の手元資金を用意しておきたい」と話しましょう。

在庫資金として申し込む場合は、常時在庫として〇千万円、運転資金として〇千万円と話せばいいでしょう。

そして、くれぐれも気をつけてほしいのは、融資の用語で「借り換え資金」というのはありません。

間違っても、「返済するのが苦しくなってきたので借り換え資金をお願いします」なんてことは言わないようにしましょう。

融資における最大のタブーといってもいいのは、**融資先の資金繰りが借り換えで回っている**ということです。

中には、運転資金は借り換えで回していいんですよと言ってくれる銀行員、わかっている銀行員もいるにはいますが、正面からそのことを借り手側からいうのは控えておきましょう。

それと、この借り換えで回していくには、ひとつの銀行だけでは難しいです。考えてもみてください。いくら返済分を前もって借りておきましょうといっても、せいぜい2年分やそこらで、返済の3年分も借りておくとなると相当大きな融資になってしまいます。となると長くて2年いくかいかないかで借り換えする必要が出てきます。

すると、同じ銀行だと「またか」となってしまいます。またになって当然なんですけどね。やはりそこは、別の銀行からの借り入れで回していきましょう。

この借り換えのローテーションは、少なくとも2つの金融機関、設備の借り入れもあれば3つの金融機関があるとスムーズに回るでしょう。

雪だるま式に増える返済

こうして、A銀行から借りた運転資金の返済が進んで手元から減ってきて、次に今度は別のB銀行から運転資金を借りたときに、困ったことが起こります。そう、**借り**

入れが増えることによって、返済も増えるのです。

こうなってくると、その管理も、暗算では苦しくなってきます。専門であるワタシでさえ、カンだけで考えるのは難しくなってきます。

こういうときのために、借り入れ一覧表と返済予定表を作り、管理しておかなくてはいけません。とりあえず借りられたらいいや…頑張ればそのうちなんとかなるだろう…。はっきり言っておきましょう。頑張ってもなんともなりません。

もう借り入れをした時点で、次に借りる必要があるのは計算できてしまいます。それが2つ3つと増えてきたら、**表を作って管理して、次はいつごろどこの銀行からどんな制度（保証）で借りるかの見当をつけておかなくてはいけません。**

いきあたりばったりで借り入れをしていくと、借入額そのものは増えてないのに、返済だけが雪だるま式に増えていってとんでもないことになったりします。

運転資金を同じような返済期間で借り入れをしていくと、二口に返済が増えるだけですが、これに設備資金の返済のための借り入れが重なってくると大変です。

また、設備投資の借り入れの返済はその設備の種類や耐用年数にもよりますが、10年から20年と長めの期間になります。

これで簡単！「借り入れ」一覧表

金融機関	平成　年　月末残高	口座番号	担保	場所	種類	当初借入日	最終期日	当初借入額	元金均等	元利均等

これでモレがない！返済予定表

	年　月残高	金利	借入日	返済期日	年　月	年　月	年　月	年　月	年　月	年　月	返済額計	年　月残高
〇〇銀行	短期											
	小計											
	長期											
	小計											
	合計											

自力で回せるだけのキャッシュフロー（償却前税引き後利益）がなければ、結局その分だけ資金不足を起こし、運転資金の借り入れの必要にせまられます。

そうするとどういう現象が起こるかというと、10年とか20年の借入返済のためにそれよりも短い期間の借り入れを行うことになってしまうのです。

長いものを返すのに短い借り入れをしたら、資金繰りがますます苦しくなってしまうのです。

しかも、設備資金を借りた銀行を相手に、このいわば変則的な借り換えを行うことはしにくいので（銀行も気がつくので）、他行を相手に行うことになります。

そうすると、とても長い年月の間に、結果として、当初の銀行から別の銀行に設備資金の借り換えを行ったような現象が起こるのです。

実際にある会社のケースで、20年前に先代社長が購入した不動産（土地1億）の借り入れが、社長交代して息子の代になってみたら、まるっきり別の銀行の借り入れに移ってて、しかもその返済期間の平均が3年になっていたこともあるのです。

もちろん、先代社長はなんの悪気もありません。

「オレは土地の借金はちゃんと返した」と言い張ります。

たしかにウソではありません。当初の借り入れをした銀行の借り入れは消えてますし、担保設定も別の銀行に移ってます。

正式に社長交代する前から社長に代わって銀行との交渉をしていた現社長は、改めて決算書に載ってる借入一覧を自分の目でたしかめてみても、なぜ返したはずの借金が減っていないのかはまるで理解できなかったようです。

減ってないどころかますます資金繰りが苦しくなったのかも…。

償還年数

じつに不可思議な話です。20年も前、昭和から平成になったばかりのころの親の代の借金（会社の）が、自分の代になったにもかかわらず、返したはずなのに減っていないというのですから。

決算書を客観的に見てみればその理由は難しくありません。何度も話してきたように、返済するだけの利益がなかったからそうなってしまったのです。ただ、**誤りがあったとすれば、その返し方の期間をどんどん短くしてしまったこと**です。

先の例の借り入れ内容を見ると、保証協会付融資と銀行のプロパー融資の両方がありました。保証協会付融資のほうは、○○対策とか○○安定資金といって、返済期間が10年のものがほとんどでした。

それに対してプロパーのほうは、いわゆる都市銀行などのビジネスローンというものので、返済期間が3年ものが多くありました。

銀行としてはできるだけリスクは取りたくありませんから、協会付融資で返済期間は長めにとしたのでしょうが、それにしても限度はあります。

一方、都市銀行などのビジネスローンは決算書ベースの審査のみで、その内容によって融資額と返済額は決定されてしまいます。

借りる側としては長めの返済を希望したいところですが、「御社の決算書では金額は○○円で返済期間は△年です」といわれておしまいです。

ではここで、こういった実質的な借り換えをスムーズにできるかどうかの決算書からの目安をお話ししておきましょう。

税引き後利益で長期借入金の残高を割った年数が、10年以内に収まるかどうか。その中でも、不動産など耐用年数の長い設備の借り入れについては20年以内におさまるかどうかを計算してみてください。

実際には、前項のケースのように不動産を買った際の融資の返済は終わっていて、運転資金の借り入れになってしまっているケースもあるかもしれません。でも、そういう場合は**実質的には不動産融資がそのまま残っている**のと同じです。

貸借対照表に土地建物が1億円として載っていたとして、長期借入金が1億5千万円あった場合は、そのうちの1億円の借り入れに関して、20年で払える利益があるかどうかを計算してみてください。

残りの5千万円に関しては運転資金として10年で返せるかどうか。もしそのうち、常に預金残高が5千万円あるとしたら、それは立替的運転資金ですから実質的な借り入れはなしとしていいでしょう。

もし預金残高には2千万円しかないとしたら、3千万円は在庫か何かのための借り入れとなってしまいますから返済する必要がある借り入れです。

10年で返済できる利益があるかどうかの計算をしてみましょう。

たとえ決算書が債務超過でなく利益が出ているにしても、この計算の年数が離れれば離れるほど、**次の借り換え、借り入れの申し込みは協会保証でも付かない限りは難しいものとなってしまいます。**

短期借入金も返せない

使い道（資金使途）や必要になった原因が長期的なもの、解消に長期間必要な場合は長期借入金で対応しますが、一時的な場合には短期借入金で対応します。

たとえば業種的に、季節で売上の増減が激しい場合、あるいは小売業で季節を先取りして仕入れをするために資金を借りる場合なども、俗に「季節資金」といった短期借入金で申し込みをします。

建設業などでは、工事完成までの期間が数カ月にわたるため、それによる入金と支払いのズレを埋めるための資金繰りも短期借入金で対応します。

俗に「つなぎ資金」といったりします。

これらの短期借入金ですが、これらも返済できるようで返済できません。正しくは、返せるんですよ。たしかに、入金のズレは何事もなければ埋まるわけですから、返せるんです。

でも、その**季節の変動は、季節が変わればまた起こるわけですから、また借りなければなりません。**

建設業の場合でも、工事が終わって入金されれば、入出金のズレは解消されます。だからそのときは借りた短期資金を返せるんです。でも、次の工事が始まればまたズレは生じるのです。

しかも、ひとつが終わってから次が始まればいいのですが、前の工事が終わらないうちに新たな工事が始まるのが現実でしょう。

つまり、いつまでたっても、一度借りた短期借入金は返せない…という現象になったりします。

全然、不思議なことではありません。

が、怖いのはこのことだけではありません。いったんは返せるはずの短期借入金がなぜか返せなくなることがあったりするから恐ろしいのです。

小売業や旅館業などの場合は、季節を先取りして借りるわけですから、いざその季節が始まっても天候不順や何かで売上が予想を下回ったとしたら、その分だけ返せなくなってしまいます。

でも、それならそれで、対処のしようがあるというものです。具体的には予想外のことで例年より業績悪化のために下がった分だけ保証協会付融資の長期運転資金で対応してもらうことは十分可能でしょう。

怖いのは、例年通り、予想通りの売上であり、工事を受注しているにもかかわらず、期日に短期借入金が返せなくなってしまうことです。

それはなぜか?

カンの鋭い方はもうお気づきですね。

本来、季節資金やつなぎ資金として使うべき短期借入金を、長期資金の穴埋めに使ってしまったりするからです。

長期資金の穴埋めというのは、これまで話してきた通り、運転資金の返済や設備資金の返済です。それももちろんありますが、**実質的には赤字の穴埋めです。**

それが決算書に赤字として現れてるかどうかはともかく、返せるはずの短期借入金が、期日に返せない状況というのは実質的には赤字です。

別にそのことを責めるつもりは毛頭ありません。

どうせなら、そのことを**自覚した上で短期資金を活用しましょう**ということです。長期借入には会社の規模や業績によって限界はありますが、もし季節変動がある業種であるならば、とりあえず短期資金の申し込みをする方法もアリです。

でも、当然その短期も返せなくなる可能性は大ですけど。

その場合はどうするか?

無理して返すのはよくありません。

いったん返してもまた貸してくれるとは限りません。たとえば建設業であれば、次の工事の受注がなければ、無理して短期借入金の返済をしても、また短期借入はできなくなります。

なぜかというと、次の工事がないのですから、融資をする口実も大義名分もないのですから。

後ろ向きと前向きの融資

融資には前向きなものと後ろ向きなものとがあります。

売上が増えてます、利益が増えてますというのは前向きな融資です。

仮に利益が増えてなくとも、売上が増えているということであれば、当然出し入れで動かすお金も増えてきますから、立替的な運転資金も増えることになります。

こういった状態を増加運転資金といったり、あるい売上増加により資金需要が増えるといったりします。追加の借り入れがもっともしやすい状況です。

これが逆の状態になるとどうなるでしょう。売上が減るということは、立替的運転資金も減るはずですから、運転資金の必要もなくなるでしょうということになります。

まして赤字となったら、融資するお金は赤字の穴埋め資金となり、もっとも後ろ向きな融資ということに。ただし、その赤字が一過性なものであることを主張できれば、ギリギリセーフとなるかもしれませんが。

いずれにしろ、業績が横ばいか低迷してくると、次の融資の条件（返済期間や金利）は厳しくなってくるのが現実です。追加の融資が出るには出るが、金額は少なく返済期間も短く…。

あまり状況が悪くならないうちに、どこかの時点で、長期の返済に切り替えてもらいましょう。複数ある借り入れをできるだけ一本にまとめて返済を長くしてもらうように相談してみましょう。

現在、保証協会付融資の運転資金の返済期間は、7年ものから10年ものまであります。さらには、その種類によっては、複数の借り入れをまとめることも可能です。なんだそれはラッキー！　と思いたくなりますが、こういったこともすべては金融機関にご相談くださいと案内されてます。

どこかに申請窓口があって、ネットでアクセスして申し込めばＯＫというものではありません。

毎月の返済が大きくなってきて、そこから脱却するためには、**銀行との交渉力が必要とされる**のです。

前向きか後ろ向きかといえば後ろ向きな融資の手続きです。融資の担当者としてもあまり自ら取り組みたい融資ではないでしょう。

そもそも、融資先に対して、大変でしょうから一本化しませんか？　なんて提案は一歩間違うと大変失礼な話になりかねません。

いってみればこの借り換えすることによっての返済の長期化と返済額の減少は、サッカーでたとえたらイエローカード3枚もらって出場停止になるようなもんです。

早すぎてもいけないし遅すぎてもいけません。

では、遅すぎる状態とはどういった状態でしょうか？

それは、一本化して10年返済に組みなおしても、返済額が多すぎてどうにもならない状態です。

最後の切り札のラストチャンス！

いよいよ返済するのが苦しくなってきたらどうなるでしょうか。どれほど頑張ってお金をかき集めて返済だけはしようとしてもすぐに限界はやってきます。融資を受けたときの契約書（金銭消費貸借契約書）には、第○条　期限の利益の喪失といって、返済ができなかった（延滞）場合には一括返済していただきますとあります。

お金を借りる契約というのには、期日までお金を返さなくていいよという借りた側に利益があるというのが法律上の解釈なんですね。

その期限まで返さなくていいという利益が、月々の返済が遅れたことによって喪失しますよと。だから期日前ですけど一括返済を請求させていただきますと。こういうことなんでしょう。

でもさ、**月々の返済が払えないくらいなんですから、一括返済を請求されたって払えるわけがありませんよ。**

するとどうなるかというと、預金残高があれば銀行側に押さえられますし、保証人がいれば保証人に請求されます。通常、会社の代表取締役が保証人になってますが、会社が払えないんですから代表取締役にだって払えるはずはありません。保証協会の保証付融資であれば、保証協会に肩代わりしてもらいます。これを代弁請求といいます。

担保不動産があればその売却、任意売却か裁判所を通しての競売をされて、融資の返済にあてられるでしょう。

と、月々の返済を延滞、もしくは短期借入金の返済期日に支払えなかった後の流れを大まかに説明するとこうなります。

ですが、これらすべてを一時ストップする方法があります。

それが、「返済猶予」です。

返済を猶予、つまり返済を一時的にストップしてもらうことができるのです。経営者としての長い経験がある方でなおかつ年齢が上の方であればあるほど、何を馬鹿なことを言ってるんだとお思いでしょう。

会社の実印と代表者個人の実印まで押して、何年で払いますよと契約を交わしたのに、返済を待ってもらう？　そんなことが法律としても道義的にも許されるわけがない！

いろんな考え方、感じ方があるでしょう。

ですが、**ウソではありません。**これには別の法律の後ろ盾もあります。

その法律は、**「中小企業金融円滑化法」**といいます。

経営が苦しくなって融資の返済ができなくなってきた場合、その返済を待ってもらうことができる…。しかも、ちゃんと法律の後ろ盾があって正々堂々と…。こんなこと、銀行の融資だけですよ。

まさに画期的、目からウロコが落ちるとはこのことでしょう。ワタシの個人的な経験からしても、そんなこと許されていいのか！　とも思います。

だったら、ウチも！　ウチも！　ウチも待ってもらう！　なんてことになって収拾がつかなくなるんじゃないか…と想像したくなります。

がしかし、この場合も、どこかに申請受付窓口があって、返済猶予申込書に住所と会社名だけ記載すればＯＫになる…という話ではありません。

そこはほら、やはり会社経営としてお金を借りたわけですから、今後の事業の計画などを提出した上で銀行と相談のうえ…ではあります。

なんだ…やっぱりか…。結局、なんだかんだいって応じてもらえないんだろ…と思いたくなりそうですが、そうでもありません。

融資先からそういう相談があったのならきちんと対応しなさいよとその金融円滑化法には書かれており、対応する義務があるのです。

現実としては、よほど特殊な事情がない限り、返済猶予の相談があれば応じてもらえているのではないでしょうか。

返す分を借りるのと同じ

この法律の期限が２０１３年３月末となっています。

当初は２０１２年３月末までだったのですが、１年延長になりました。じゃあ、また延長されるんじゃないかと思いたくなりますが、お役所である金融庁は、再度の延長はしない方針だと発表しています。

ですが、「おお、では急いでウチの会社も申請しなければ」というようなものでないこともなんとなくわかりますよね。

あくまでも、**資金繰りが苦しくて返済するのも大変であるならば、無理しないで相談してくださいね…**。ということでしかないのですから。

では、この法律が施行される以前は、返済を待ってもらうことができなかったのか？というとそんなことはありません。

なぜかというと、返済ができなくなったのであれば、一括請求したところで返済できるはずもなく、結果として銀行は待つしかないわけです。**待つというか、ほったらかし状態なわけです**けど。

たしかに保証協会付であれば肩代わり請求ができますけど、その規定通り（早いと3カ月の延滞で）に肩代わり請求をしていたら、そこらじゅうで発生してしまいかねません。肩代わりする保証協会がパンクしかねないことになってしまいます。

なので、返済は遅れた状態になってしまっても、会社そのものの営業が続いている場合は、話し合いによって、返済条件の変更に応じていたのが実情です。

ただし、その話し合いが必ずしも円満なものではありませんでしたが…。そりゃあそうですよ、借りたお金を約束通りに返せないわけですから。

銀行側も法律にのっとって催促しますし、催促されたほうは返事のしようがないわけですから、お互い意固地になってしまいます。

でも、この円滑化法が施行される以前もできましたし、法律の期限以後も、できないことはないでしょう。しかしやはり、法律の後ろ盾がなくなってしまうわけですから、その後に返済が苦しい相談をすることになってしまっても、相談に乗ってもらえるかどうかは以前より難しい状態になるのはたしかでしょう。

で、その交渉の難易度はともかくとして、その最大の効果は何かというと、**月々の返済が一時的（さしあたって最長1年）にストップすること**、つまり返さなくていい。それって、その分だけお金が出ていかないことです。返す分だけのお金が出ていかないということは、返す分だけお金を借りるのと同じ…ということです。

ここが、返済猶予をしたほうがいいのか、どうなのかを判断する最大のポイントです。返済猶予を別の言い方をすると元本棚上げ返済です。元本返済を一時棚上げして、利息の支払いだけをすることが、返済猶予です。

また違った言い方をすると、むこう1年間は「利払いのみ」という契約に変更することです。

返済猶予をするかしないか（銀行が応じるか応じないか）に明確な基準や条件はありません。ありませんが、その資金繰りの効果と損益的な条件（利払いはする）を考えると、自ずとその基準と条件が見えてきます。

営業利益は黒字になってますか？

返済を猶予してもらえるとはいっても、利息だけは払わなければいけません。ということは、融資残高が1億円あったとして金利が3％であれば年間3百万円となります。これってつまり、損益計算書でいうところの営業外費用の支払利息となります。ということは、その前の段階の営業利益で3百万円がないと、支払利息が払えない状態となってしまいます。

本章170ページで「遅すぎてもいけない」といったのは、**利息も払えない状態（営業**

赤字）のことでもあります。

そこはほら、営業赤字は出さないようにこれから経営努力してなんとか頑張りますから…というところが交渉であり話し合いであり相談です。

当然、口頭で、口だけで主張しても納得も理解も得られないでしょう。

そういった、今後、経営努力でせめて支払利息が払えるように営業利益は出しますという事業計画は、数字を並べれば作ることは可能でしょうが、現実は日々の資金繰りです。

1年後にはなんとか利益を出しますから、1年後に利息をまとめて払いますというわけにはいきません。

ということは、日々の資金繰りが切迫しすぎた状態になってからでは、せっかく返済猶予に応じてもらったとしても、手遅れ…ということもありうるのです。

そもそも、あくまでも返済を猶予してもらえるのは元本（元金）の返済だけ。猶予してもらえるとはいっても、それはあくまでもごく近い将来（来月からとか）において、口座から引き落とすのを利息だけにしますよというだけです。

つまり、そこからお金が湧いてくるわけでもなく、浮くわけでもないのです。

たとえ営業赤字が出ていない状態であったにしても、手元資金がカツカツになりすぎた状態までなってしまっては、返済を猶予されたところで、現実として経営が成り立たなくなってしまうことだって考えられるのです。

たしかに、返済を猶予してもらうのは、返す分を借りるのといっしょと考えられるのですが、借りてから返すのとは順番が逆です。

ある程度、手元に資金を残した状態で、日々の資金繰りに影響のない状態で返済猶予をしないと、せっかくの効果が出ないのです。

こう考えてくると、返済猶予をしたほうがいいのか、しなくてもなんとかなりそうな状態なのかが見えてきます。

貸してくれないなら返せない

そうなってしまった原因はともかくとして、定期的に借り入れをすることによって資金繰りが回っていることがはっきりしてしまった場合、もし融資を断られてしまったら、返したくても返せない状態になってしまいます。

法律がどうであろうと、道義的にどうなんだとか、まして悪気があるとかないとかでもない。**返したくとも返せない**のです。

つまり、手持ち資金が心細くなって、現在融資残高のある銀行に融資の申し込みにいったり、あるいは新規の銀行にいったりしても断られてしまったら、ジ・エンド、残る手立ては返済猶予しか残されていません。

その兆候があるとするならば、融資がＯＫにはなったものの、以前借りた金額より減らされてしまった。または、返済期間が以前は5年だったのが3年になってしまった。あるいは逆に、以前より長めの10年の返済を勧められたりしたら、その兆候です。

中には、融資担当者からはっきりと、御社に対してはそろそろこのへんが限界（融資の）ですよと告げられるケースもあるでしょう。

このへんの見極めは、かなり慎重にしなければならないところでしょう。

なぜならば、返すのを待ってもらう（猶予）以上、当面の間は新たな借り入れをすることはできなくなってしまうのですから。

新たな借り入れというのは、長期短期にかかわらず、担保があるなし、保証協会の保証があるなしなど関係なく、すべての新規の融資がストップします。

これが、返済猶予をする上で、その判断を難しくするところでしょう。

「返済猶予したらもう借りられないんですよね…」と迷う方もいまだにいることでしょう。そう聞かれた場合には、こう答えるようにしています。

過去の決算書を見る限り、融資の残高が減ってもいなければ増えてもいません。ということは、**返すために借りていただけ**です。

ならば、タイミングさえ遅すぎなければ資金繰りは回っていくと思います…と。

そうすると次に聞かれるのは、「新たな設備投資もできなくなるし、在庫も増やせませんよね…」となるようです。

その設備投資の結果、在庫を増やした結果がこの状況（返済猶予）なわけですから、むしろできなくなったほうがいいんじゃないでしょうか?

返済猶予を行う状況というのは、よくよく自社の状況を踏まえてみた上で、適切なタイミングで行えば、決して悲観するような状況ではありません。

ではその適切なタイミングは何かというと、**ある程度手持ち資金の余裕を持って決断する**ということです。

手持ち資金の余裕がどれほどかは一概にはいえませんが、これまでお話ししてきたように、月商の1カ月分の預金残高というのもその目安のひとつです。

小売業を営むある会社では、年商3億5千万円、借入残高1億6千万円で、平均して3千万円の預金残高を維持したまま、この春から返済猶予3年目に突入します。

その前にリスケという方法も

リスケジュール、通称「リスケ」。日本語でいえば返済条件変更。どう変更するかというと、当初の貸出条件の月々返済額の減少もしくは最終返済期限を延長することによって月々の返済額を減らすことです。

金融円滑化法が施行される以前は、いきなり返済猶予をする（してもらう）のではなく、本来はこちら（リスケ）からでした。

といっても、円滑化法の後ろ盾もないころのことですから当然その交渉は難航しました。しかも取引銀行の数が多くなればなるほど、複雑さを極めます。

このリスケに関してもこれだけで本1冊分を書けるほどの内容にはなりますが、極めてざっくりとそのコツをいいますと、**交渉のカギになるのは企業の返済原資**です。

返済原資…つまり、償却前税引き後利益です。

かくかくしかじかで現状のキャッシュフロー（償却前税引き後利益）はこれだけですのでよって返済もこの範囲内にしてください…というわけです。

この論理はもう錦の御旗、テレビドラマの**水戸黄門の印籠のようなもの**です。

借りる側から条件変更を申し出るときもそうですし、逆に銀行から融資を断られるときも、債務超過と並んで言われるのが返済原資がありません、と。

返済猶予を含めた条件変更の方法は大きく二通りあります。

さしあたって、それぞれの融資の返済をむこう半年とか1年とかの間、ゼロもしくは適当な金額に減らす契約に変更します。

そうすると、最終期限を変えないとどこかにしわよせがいきますから、とりあえずある期間減らした元金の分を、最終期日の返済額にドーンと上乗せします。

借りている額が大きく、返済が大きいほど、最終回に支払う金額はとてつもない金額になります。

あるいはやはり最終期限を変えずに減額期間終了後から均等に元金返済を増やす方法もありますし、いっそ最終期日も10年とかにしなおして1年据え置き残り9年払いとかに変更する方法もあります。

一概にどの方法がよくてどれが悪いとはいえません。

もうね、こうした返済条件を変更する場合となったならば、2年目以降（減額期間終了後）のことなんて心配したってどうにもなりませんよ。2年目以降の支払いはどのような計画ですかなんて銀行員から真顔で聞かれても、そんなのわかるわけねえじゃん！　というのが本音ですよ。

心配ご無用です。

1年乗り切らなきゃ2年目はありません。

で、2年目になったところで返済原資がなければ返せないことに変わりはありませんから！

仏の顔（返済猶予）も三度（3年）まで

返済猶予を含めた条件変更は、その期間は長くて1年、短いと半年です。こうなってきますと油断はできません。

なにせ契約上はあくまでも、期間終了後には返済額は増えるのです。いくら心の中で、そんときはそんときだとハラをくくり、コンサルタントのワタシが励ましたところで、緊張感は高まります。

たしかに返済原資の範囲内での返済は貸す側借りる側の真理ではありますが、そうはいっても仏の顔も三度までということわざ？　もあります。

とはいえ、猶予期間中に銀行とはご無沙汰しっぱなしで、黙っていたら期間終了後は返済額が増えてしまいます。

口座に残高があったら自動引き落としされてしまいます。せっかくある程度手持ち資金の余裕ある状態で条件変更をしてもらっても、どんどん差し引かれてしまいます。

期間終了後にいったんこうなってしまってはすべては元の木阿弥《もくあみ》です。**取引銀行に**

は定期的に試算表や資金繰り表を持参して現状の報告をするようにしましょう。

期間終了の1カ月前くらいには、その後どうするかの相談をするように心がけましょう。そうしたコミュニケーションを怠らなければ、それこそ仏の顔も三度まで、返済猶予も最長3年くらいは延長できるかもしれません。

ワタシの顧問先の中には、当初の約定返済額の3分の1のリスケ（減額）をして10年続いたケースもあります。

条件変更の期間が長期化すると、当初の最終期限が到来する借り入れも多数出てきたりします。そうなると、企業側の財務状況にある程度の改善が見られないと1年更新になってきたりもします。

毎年、それも複数の銀行で、複数の借り入れの最終期限が、それも不規則に到来することになります。長い期間の中では、当然、融資の担当者が何人も入れ替わったり、支店がなくなってしまったり、銀行そのものが変わってしまったり、じつにいろいろなことが起こります。

こうなってきますと、自社の借り入れの期日管理は自社で気をつけておかなければなりません。**期日管理は当然、貸し手の銀行側が忘れずにやってるだろうと思ったら**

間違いです。

実際に、銀行側でうっかりしていて最終期日が過ぎてしまったことがありました。法律上のことをいえば、これぞほんとのジ・エンド…のはずでした。ですが、銀行にはタイムマシンがあるようで、なんとかなりましたが。

融資している銀行としても、期日を過ぎてしまった場合は延滞、もしくは貸し倒れとなってしまうので、貸している銀行として困る場合はタイムマシンに乗るが如く過去に遡って契約を差し替えます。

しかし、すべての銀行にタイムマシンがあるとは限りませんので、借り入れの期日管理は十二分に気をつけましょう。

復活の兆し

条件変更が十年続いた会社のケースがその後どうなったかといいますと、途中で正常債権に復活しました。

当初の数年間は、売上が下がったりして極めて不安定な状態でした。なんとか当初約定の3分の1の返済は続けていたものの、返済原資（キャッシュフロー）もギリギリの状態が続きました。

そこから、なんとか売上が増えた状態になってきたところで、複数あった借り入れを一本化することで不良債権から正常債権に復活をとげました。

ここでも**融資の上での口実、大義名分が生きてきます。**売上が増えてきたということは…もうおわかりですね、経常的な運転資金の必要性が高まった、資金需要が発生したということです。

返済条件変更をしなければならないほど経営状態が悪化した融資先の企業に改善の兆しが現れたわけです。地域とともに歩む銀行としてその再生しようとしている企業を支えていくのは銀行としての使命でもあります。

この、大義名分こそが、銀行とノンバンクなど金融会社の大きな違いでしょう。

それでも銀行にとっては無担保融資はリスクが高いことに変わりはありませんが、こういうときこそ保証協会の出番です。

ついでというわけではありませんが、長い返済条件変更期間の間に、設備も老朽化してきましたので、改装資金、設備投資も受けることに成功しました。

つまり、返済条件変更（猶予も含めて）をしたからといって、二度と銀行の融資が利用できないわけではありません。

くどいようですがこのケース、売上は増えてきたと書きましたが、正確には条件変更をする前に戻ったと書いたほうが正しいでしょう。

そして、利益がたくさん出るようになったとはひと言も書いていません。

復活するための条件はいろいろなケースが考えられますが、共通していえるのは売上を増やすことでしょう。もう一度きちんと言います。たとえ利益は増えなくともかまわないので、**まずは売上だけでも増やすこと…**です。

それができれば苦労はないよと言われそうですが、それほど難易度が高いことでしょうか。

返済条件を変更してある期間が経過したという前提で考えますと、それってつまり無借金経営で続くことができた、できているということです。

返済条件変更の最高限度は返済猶予です。それにしたって、利息は払わなければならないのです。それはすなわち経常利益は確保できていなければなりません。当然、追加融資はありえません。

そういう中で、仏の顔も三度までじゃないですが、**もし3年も続けられているということは、じつは素晴らしいことだと考えることはできませんか？**

黒字ではあっても自力返済できるほどの状況ではなく毎年どこかの銀行から借り入れをしている状態と、返済猶予をしながらもどこからも新たな借金をしない経営…借金が増えもしなければ減りもしないのは同じです。

でも、条件が厳しいのは後者です。

その厳しい中で経営が続けられるほどであれば、正常債権への復活の手がかりとするのにさしあたって売上高だけでも増やすことはそれほど難しいことでしょうか。利益は増えなくてもいいんですよ。売上が増えたけど、仕入れや経費も増えて利益は増えなかったな…であっても、正常化させる口実としては十分じゃないでしょうか。

エンドレスゲーム

儲けにつながらなくてもせめて売上を増やすだけでもとはいえ、モノの順番から考えれば先立つものは仕入れです。売れた分だけ仕入れるなら話は簡単でしょうが、多くの業種では先に仕入れることになるでしょう。先に仕入れるとなると、先立つものはお金です。

そこでもツケ（買掛金）で仕入れることはできるでしょうが、売上を増やそうと仕入れを増やして（買掛金を増やして）、もし失敗したらそのときこそ致命的です。借り入れをできない状況で考えられる新たな資金調達は、銀行以外の金融会社からの借り入れ、クレジット、リースなどになってきます。

銀行からの借り入れを返済猶予しておきながら、そういったほかからの資金調達が可能なのかと驚く方もいるかもしれませんが、可能です。別に返済猶予をしたからといって、どこかに張り出されるわけではありません。当座取引で不渡りを出すと、そのエリア内の金融機関にお知らせが回りますが、返済猶予したからといってそんなことはありません。

銀行や保証協会から返済猶予している企業のリストがどこかに出回ることもありません。もしそんなことがあったらそれこそ社会的な大問題になるでしょう。

やはり**返済猶予をしながら会社経営をしていくというのは、想像以上にいばらの道**

が続くようです。

で、そうしながら3年くらい続くと、ふとあることに気がつきます。

頑張って営業利益を出し、利息だけは支払えるように経常利益だけは確保し、当然資金繰り的にも経常収支はできるようにはしていながらも、利息を払ってしまえば後はなにも残らない…。

利息を払い続けても元金は1円も減らないその事実…。

もし借り入れが1億円あってその金利が3%なら年間3百万円で、それが3年続いたら9百万円…。9百万円！

借り入れの残高がいくらにせよ、3%の金利でそれが3年続けば元金の9%分を払う計算にはなります。

もしその分を元金に充当させることができたら…3年で元金が9%減ることになりはしまいか？

返済原資であるキャッシュフロー（税引き後利益）を生み出さない限り、借入返済は永遠にできません。

利息だけを永遠に払い続けても、元金は永遠に減らない…永遠に…。

第４章のまとめ

・借りたお金は返さなくてはならないので、返す分も借りておこう。

・「中小企業金融円滑化法」の期限は２０１３年３月末まで。

・借り入れの期日管理は銀行に頼らず、十二分に気をつけること。

・返済猶予をしながら会社を経営すると借入返済は永遠にできない。

第5章

特別付録

誰も教えてくれない！
危機突破マニュアル

純粋な経営

返済猶予をするような状態になると、嫌でも思い知らされるようになります。利益があってこそ初めて返済ができるということを。

たとえ利益が出たにしても、それが掛売りでのものだとしたら、かえって資金繰りが苦しくなったりするということも。

これまでお話ししてきたことは、ある程度の知識や経験がないとなかなか理解できないかもしれません。

ですが、それもこれも、返済猶予をするような状態になって、借り入れで回すことができなくなってしまうと、**真剣に試算表や資金繰り表を作り、見る**ようになります。

というか、そうしないと回らなくなります。

よけいなお金はありませんから、なんとなく勢いやカンで新たな商材を見つけて在庫を増やすなんてことはできません。

売上はたしかに増やしたいけれど、それが掛売りだったら資金繰りがどうなるかを

試算表を作ろう！

自 平成　年４月１日　至 平成　年４月30日

（千円）

科　目　名	前月期首残高	借　　方	貸　　方	当月残高
現金及び預金	1,500	2,500	3,100	900
売掛金	1,200	1,500	1,000	1,700
長期借入金	40,000	600		39,400
役員借入金	9,900			9,900
固定負債計				
売上高			3,000	3,000
仕入高		900		900
売上総利益			2,100	2,100
人件費		700		700
その他経費		800		800
販売費及び一般管理費		1,500		1,500
営業利益			600	600
支払利息		100		100
経常利益			500	500
税引前当期純利益			500	500
当期純利益			500	500

真剣に考えるようになります。

とりあえず仕入れは掛け取引だからいいやと以前だったら考えそうですが、そうもいかない状況が多く見受けられます。

仕入れの支払いを遅らせる（買掛金がたまる）ことで資金繰りを回していたりしますから、これ以上仕入れを増やせなかったりするわけです。

規模が小さくなってくると、経営者が個人の借り入れをすることで会社の資金繰りを回していたりしますから、個人のクレジットやリースがこれ以上利用できない状況になっていたりもします。そうなると会社での利用も難しくなってきます。

こうなってくると、今まで当然のようにできたことが、あれもダメ、これも使えないという状況になります。

まるで、創業のころに戻ったような、ある意味、じつに純粋な経営です。

欲しいもの必要なものはすべては利益を出してその分をお金にかえてこそ手に入れることができます。

考えようによっては当然、自然の状態です。ほんの一昔前には、創業するときから融資を受けられるなんて考えられるような時代ではありませんでしたから。

資金繰表を作ろう！

（千円）

		4月	5月	6月	1月	2月	3月	合計
売　上		3,000						
仕　入		900						
	人件費	700						
	経費	800						
	営業利益	600						

		4月	5月	6月	1月	2月	3月	合計
繰越金		1,500						
収入	売上入金	1,500						
	売掛金回収	1,000						
	手形入金							
	前受金等							
	資産売却等							
	雑収入							
	その他収入							
	収入計	2,500						
支出	仕入支払	900						
	小切手決済							
	支手決済							
	仕入支払　計	900						
	人件費及び経費支払	1,500						
	未払い金							
	前払金等							
	税金等支払							
	資産・設備支出							
	利息支払	100						
	その他支出							
	支出計	2,500						
（手形振出）								
（裏書手形）								
経常収支		0						
商手割引								
資金収支		1,500						
	借入金							
	役員借入							
	借入　計	0						
	借入金返済							
	役員借入金返済							
	返済　計	600						
財務収支		-600						
繰越金		900						

いま自分（の会社）にある有形無形のモノを総動員して、売上を作り出す。そして、その結果として、利息を払える程度の利益を出すことさえできれば、続けられます。限界点は、経常利益が出ている状態ですが、もしそれを下回るようになったらどうなるでしょうか？

経常利益が出ない状況…つまり、借りているお金（返せてないけど）の利息を払えない状況になったら…そこで終わりでしょうか？

いいえ終わりません。次のステージへ進出です！

営業利益さえあれば続けられる

返済猶予で元金の返済を猶予されたにしても、その利息の支払いまでは猶予されません。でも、その利息の支払いも利息が払えるくらいの営業利益があってこそです。ではその利息の支払いができなくなったら、どうなるのでしょうか？

いよいよ銀行側からは待ったなし、一切の猶予はありませんとばかりに、次々と催促状が届きます。その主な文面は、**期限の利益を喪失したから一括返済をしてくださ**

い、できない場合は法的手続きを行います…というような感じです。

初めて見たら、なんとも怖そうな文章に感じられるでしょう。

なに？　なに？　なにされるの？　いまから銀行の担当者がお店に乗り込んでくるんじゃないの？　店の看板になんか貼り付けていくの？

いえいえ、そんなことはしません。

銀行の法的手続きには大きく2つあります。

ひとつは、保証協会付融資に関しては、保証協会に代位弁済手続きをします。これによって、融資は銀行から保証協会に移ります。その後は、保証協会との話し合いが必要になってきます。

銀行独自の融資（プロパー）に関しては、不動産担保がある融資であるならば、いずれ近い将来に競売の申し立てがされることになります。いずれ近い将来というのは、早くて数カ月くらい先でしょうか。

では、担保のないプロパー融資に関してはどうなるのでしょうか？

どうっていってもですねぇ、担保があればこその法的手続きですから、担保がないとなると…何か差し押さえでもできそうなものを探すのでしょうか…。でも、この段階になってくると、押さえられそうな目ぼしい資産はないことが多いのではないでしょうか。あったらもう会社の資金繰りに使ってますよね。

まさか、利息も払えない銀行に差し押さえられるほどの預金残高を残しておく債務者もいませんしね。

都市銀行などになると、そういった不良債権になった融資の回収を専門に扱う別部門（別会社）を持っていたりします。そういう場合は、「御社の債権を譲り受けましたので今後は…」みたいな文書が届きます。

で、もっと時が経過すると、銀行とは無関係の債権回収会社（サービサー）というところに融資は引き取られていきます。

いずれにしろ、返済猶予をしたものの利息が払えない状況になった場合、こういった法的手続きうんぬんといったお知らせが次々と届きます。

届きはしますが、それだけといえばそれだけです。

もし飲食店などお店をやっていたとしても、銀行の担当者がお店の営業中に乗り込んで来て、おい、コラッ、貸した金を払え！　みたいなことは一切しません。

銀行の店内に今月の代位弁済請求先一覧表…なんて張り出されることもありません

し、まして銀行のホームページで公表されることもありません。

ということは…はい。業種が小売業であるか製造業であるにかかわらず、対外的には何事もなかったかのように業務を継続できます。

いっそ代弁請求してもらうのもアリかも

事業を継続したくともできない状況とはどんな状況でしょうか。

在庫とか設備の老朽化とかそういった個々の状況についてはさしあたって問題ないとして考えると、それは営業赤字が出ている状況です。

売上が大きかろうと小さかろうと、いわゆる経費以上の売上総利益があってこそです。売上総利益が経費以下というのであれば、経費が払えません。

経営者としての自分の給料はおろか社員の給料や、家賃さえも払えなくなってしまったら、事業の継続は困難です。

いや、その赤字分をどこからか借りることができれば…。

銀行の借金の利息も払えないのにまたどこからか借りてくるのですか? まあ、そこまで広げたらもうあとはお好きにどうぞとなってしまいますが…。

仮に利息を払えない状況になってしまっても、営業赤字さえ出さなければ、事業を継続することは十分に可能です。いくら銀行が法的手続きを取るにしても、それを止めることまではできません。

であるならば、どこかの段階で、あえて自らその道（代弁請求されること）を選ぶという選択肢もあるのではないでしょうか。

どこかの段階というのは、いったいいつのことでしょうか？

それは個々の状況なのでなんとも言い切れません。

でも、返済猶予の状態が続く中で、毎月損益を管理し、資金繰り表で管理もしているのであるならば、先行きの見通しも出てくるのではないでしょうか。

将来の可能性を否定することは誰にもできませんが、神風が吹くように業績が回復するわけもないことではありませんが、現状の設備のままでは継続はできても奇跡が起こりようのない業種があるのも事実ではあります。

もし、この選択をした場合の解決方法はいたって簡単です。**利息の引き落としの口座に利息の引き落としができるだけの残高をおかなければいい**のです。引き落としができなかった月から、保証協会付融資の場合は代弁請求へのカウントダウンが始まります。

そうすると、この方法を取る場合、水道光熱費や他のものも同じ口座から自動引き落としになっていると、利息だけ引かれないような残高調整をするのは困難です。

事前に引き落とし口座を別銀行に移しておくことが必要でしょう。

リセット

返済猶予からのその先、不良債権の仲間入りをした後のこういった状況はかなり苦しい状況が続きます。日々の損益と資金繰りは綱渡り状態が続いているので気が抜けません。銀行からは弁護士に相談したほうがいいんじゃないかと思えるような文書が次々と届きます。

税金や社会保険料などの延滞している状況も考えられますから、そちらからの督促も重なってくるでしょう。

こうして、実際にこういった状況にある会社を思い浮かべながら書いているワタシも気が重いです。

なんとか現状のままでこの非常に厳しい状態から抜け出す方法はないものか…。

法的手続きに対抗するには、法的手続き（自己破産）しかないことは素人ながらもわかります。でも、それではせっかく綱渡り状況ながらも継続できている事業も終わってしまいます。

そうだ、別会社を作ったらどうなんだろう？

会社は「法人」というくらいだから、いっそ新しい会社を作ってしまえばそれは別法人、別人だ。心機一転、新しい会社でスタートできたら…。

苦しい状況が続いて、気が弱くなったり強くなったりすると、いろいろな考えが浮かんでは消えます。

別の会社を作って、いまの事業をその新会社に移しても（譲渡）、前の会社の借金は消えませんし、代表者が保証をしていれば当然その保証も消えません。

同じ会社の経営者が、別の会社を作ってそちらに事業に必要な有形無形なものを移したら、債権者である銀行や保証協会やそれ以外のいわゆる債権者はどう対応してくるでしょうか？

それに対してここで明確にお答えすることはできません。

できませんが、**もともとの会社が自己破産などの法的手続きを取らない限りは借金は消えません**し、経営者の個人保証もしかり。

新たな会社の登記上のことはさておいて、実態は以前の会社経営と同じということが判明すれば、新会社で新たな借り入れを起こすことも事実上不可能になるでしょう。

債権者の同意なくして新たな会社に事業を譲渡したりすれば、法的な有効性はともかく、実態は借金逃れじゃないのかと疑われることは間違いないでしょう。

それでは、苦しい状況から逃れるために、別の苦しみを背負うことになりそうです。

あえて利益を出さない経営

「会社で借金があっても、個人で同じだけの預金（資産）を持っていれば問題ないですよね？」

というようなことをある経営者の方から聞かれたことがありました。

会社で借金があるということは、その返済が心配…だけど、経営者個人で同じだけの預金（またはすぐに換金できる資産）があればいつでも返せるから問題ないだろう…いわんとしていることはわかりました。

でも、その経営者個人のお金は、いったいどこからきたお金なのでしょうか？

普通に考えたら、経営者の収入というのは、自分の会社からの給料です。ということは、自分の会社から支払いを受けた自分の給料からためたお金…ですよね。

会社として借金はあって、将来のことを考えればちょっと心配だけど、経営者として自分の会社から受け取った給料からちゃんとためておくから心配ないようにしておく…たしかに素晴らしいというか、いい考えのように思えました。

でも…なんかおかしくないか？


会社の借金の返済を心配するくらいなら、自分の給料を取る分で借入の返済をしたほうがよくないでしょうか？

そもそも借入金には利息がかかっています。経営者としての給料にも税金（所得税や住民税）もかかっているし健康保険料や年金保険料もかかってます。

これらはすべて給料が多くなればそれに準じて上がっていきます。

会社の借金と同じくらい個人でためようとしたら、個人の税負担もけっこうな金額になるんじゃありませんか？

「いや、会社って、つまり商売って、いつどうなるかわからないじゃないですか。銀行だってこっちの業績が悪くなっても助けてくれるとは限りませんし」

それはまあそうですけど…。

「返済できるだけの利益を出すってことは、会社で税金を払わなきゃいけませんよね。だったら、**どうせ税金に取られるなら、個人で税金払って給料として自分が取ったほうがいいじゃないですか**」

そこはもう会社経営して儲かったときの永遠の問題というか選択ですね。

まず自分（経営者）の給料を上げられるだけ上げて…でも銀行の手前（融資）もあ

るから、ある程度は会社で税金も払って…たしかに、返済可能な税引き後利益が出ていなくとも、銀行は融資に応じてくれますしね。

でも、ほんとに借金の返済が心配だったら、やっぱり会社として税金を払って返済を優先させたほうがいいのではないだろうか？

「いや、そこはほら、会社の借金返済も心配ですけど、個人としての生活も大事ですから。銀行が融資をしてくれているのはあくまでも会社に対して、事業に対してでしょう。**お互いビジネスです。**銀行が返済可能利益を計上することを要求してこないんですから…」

貸してるほう、借りてるほう、納得ずくであると。

エックスデーのために

この考えが、多くの中小企業に十分な繰越利益がたまっていない理由のひとつでしょう。

たとえば7年連続で赤字を計上していたある会社は、創業50年近くになります。もう2代目が40代後半、あと数年で3代目が継ぐか継がないかというくらい続いています。もし、創業以来、ずっと赤字だったら50年も続くわけがありません。

ここ7年、いや10年くらいは厳しい状態にあるのかもしれませんが、悪いときばかりだったら経営が続くわけがないんです。

融資している銀行も7年連続赤字の会社にいくら保証協会付融資とはいえ、よくぞ貸してくれたと書きましたが、**悪いときよりもよいときのほうがあったからこそ、その実績があったからこそ貸してくれている**わけです。

それにしても、すぐに債務超過になってしまうのは、その業績がよいときに会社の決算で十分な利益を計上してなかったからにほかなりません。

ホントは出せたんでしょうけど、法人税を払うことより給料を優先したのでしょう。

「だってさ、税金（法人税）をたくさん払ったからって、なんか優遇される？　悪くなったときに国から特別に融資でも受けられる？　それとこれとは別でしょう？」

その**程度の差はともかく、ある程度は経営者個人で蓄えを作っておくのも重要なこと**です。借金が返せるほど個人で給料を取るかどうかはともかくとして。

ですが、会社に個人でためたお金のすべてを差し出さないことも、いざというときに大切です。

なぜなら、返済猶予をして経営を継続する、あるいはその先の段階になってからも継続する、そういう状態になったときにその蓄えたお金が必ず役に立ちます。

一般的な金銭感覚、個人的には大金と思えるような金額でも、会社の借金の大きさに比べたら、焼け石に水のように感じられることが多々あります。銀行としても経営者個人の資産のすべてを吐き出してまで返済にあてろとは思っていません。

いや正確には銀行としては、ではなく、担当者である銀行員としてはでしょうが。でも、会社の借金が払い続けられない状況に陥ったとき、同じ銀行に経営者個人の預金があったとしたら、その取り崩しを要求されることは間違いないでしょう。

それを拒否したまま、返済を延滞したのであれば、経営者個人の預金を差し押さえられることにもなるでしょう。

おいおい、それじゃなんのためにわざわざ高い所得税を払ってためたかわからなくなるじゃないか…という声が聞こえてきそうです。

会社の融資取引銀行と経営者個人の取引銀行は、別にしておいたほうがいいかもしれません。

いや、たとえ会社と融資取引のない銀行にしても、いつ見つかるか心配だ。なら名義を配偶者か家族の名義にしてしまおう。いっそ預金以外の資産、不動産でも買っておこうか…いろんな思いがめぐるときもあるかもしれません。

経営者個人の収入の中からのお金で、配偶者や家族といえども他者名義にした場合は、贈与税の対象になることが考えられますからその点を考慮しましょう。

であるならば、いっそ配偶者を含めた家族に対しても、会社から給料を支払っておくのも万が一のときにいいかもしれません。

たとえ給料に見合うだけの勤務実態がなくとも、よほどでない限り税務調査で否認されることもないでしょう。高い給料であれば当然税金もそれだけ払うわけですから。

あるいは、配偶者や家族を自分が経営する会社には一切関わらせないというのも対策として有効な方法です。

会社の経営は、自分一代限りとする！

そう決めてしまえば、迷いも少なくなるでしょう。

配偶者も家族も、自分の会社では働かせない、他で働いて給料収入を得てもらう。家族の生活を考えれば収入を分けたほうがリスクは分散されます。

自分の会社に一切関わらせないわけですから、金融機関などから家族の連帯保証を要求されることもないでしょう。

借金経営の最大効果

たとえばお店を経営していたとしましょう。1店舗だけではギリギリの損益だったとしましょう。なんとか仕入れや経費も払えていて、経営者としての自分の給料もかろうじて生活できる範囲内だったと。

では、もう1店舗お店を増やして2店舗にしたら？

売上も倍になりますし、1店舗だけの少ない利益も2倍になりますね。

3倍にしたら…4倍にしたら…。

もちろん、たら、れば、ではありますが。

店舗が増えても売上は同じ程度が確実に上がり、経費も同じだけしかかからなければ、店を増やせば利益も増えます。

お店が増えて入ってくるお金（売上）が増えて気が大きくなってバンバン経費を使ってたら、そりゃあダメですよ。

でも、たとえ規模が小さかろうと確実に利益を出せているのなら、それほど難易度が高いこととは思えません。限られた現状（たとえば1店舗）だけで収益を増やそうとするには限界があります。

小さくとも、数を増やすことができれば、利益も確実に増やすことが可能です。

どうやって増やすのかって？

もちろん借金、銀行からの借り入れです。それを可能にしてくれるのが借金です。

誰しも、いまさら言われなくともわかっていることです。わかっていたことのはずです。でも、もう一度、そのこと、借金をして会社を拡大することをよく考えてみましょう。

たしかに、この方法を最初（たとえば1店舗目）から使ってしまうと、2店舗目にいけるかどうかは、ほんの1、2年で可能性はなくなるかもしれませんね。

やはり最初の一歩が肝心にはなります。

で、ひとつの成功モデルを見つけられれば、それを倍増させられるのが借金経営の最大効果ではありますが、最大の欠点もあります。

それは、ある一定レベル以上の利益を上げないと、永遠に借金経営を続けなければいけなくなるからです。店舗展開をする会社であるならば、**資金繰りを回すためには永遠に出店を続けなければならなくなる**でしょう。

その理由はもうおわかりですよね。

これを実践しているある会社があります。

経営している社長本人、アドバイスしているワタシ、お互いにこれでいいのだろうかと不安になるときがあります。

うーん…上場はできないかもしれないけど、このペースで出店を続けたら、全国制覇ができるかもしれないね！　いや、続けないと回らなくなっちゃうけどね。

売上が10倍になったけど、借金も10倍になりました。

でも、社長の年収も4倍くらいにはなったでしょうか。

あと何年かすれば、サラリーマンの平均的住宅ローンが完済できるかもしれません。

でも、もう借金して出店するという回転を止めることができません。

でも、**回転している限り、倒れることはありません。**

たとえ借金を完済することはできないかもしれませんが、返済できない状態にならない限りは、銀行の融資は止まりませんからだいじょうぶです。

現代の錬金術

第4章（160ページ）で、20年前に買った土地の借金が払っているのに減ってないという実例として紹介しました。

かつてはね、その方法が主流だったんです。主流というか成功パターンというか。

バブル崩壊といわれた90年代初頭までは。

創業からいかにして早く土地（と建物）を購入して、そこから一気に事業の拡大を図るか。もちろんその土地の購入は銀行からの借金です。表現を変えると、銀行から融資を受けられるようになるまでが最初の勝負なわけです。

当然、現在のようにやや経営不振な中小企業向けの保証機関として保証協会が機能してたわけでもありませんし、決算書だけで審査する○○ローンなんてものもありません。設備投資で融資を申し込むなら自己資金2割3割当たり前という時代だったでしょう。

昭和の高度成長期の時代のことです。インフレといって、モノの値段が年々上がっていった時代です。ということは、少々無理をして設備投資をしても、売上と利益は増えていったわけです。

逆の見方をすると、設備投資をすべて自己資金で賄おうとしてお金をためようとしても、お金がたまったころには同じモノが値上がりして買えなくなってしまっていた時代でした。

もちろん、当時も会社で設備投資をした場合の返済原資は償却前税引き後利益です。税率は過去のほうが高かったようですから、税負担は現在より大変だったでしょう。

でも、それ以上に、モノの値上がり率、買った土地の値上がりも大きかったでしょうから、担保価値も大きくなります。現在のように買った土地の評価が下がるなんてありえなかったでしょう。となれば、**ある程度返済がすすめば担保余力は増えますし、個々の差はあったでしょうがインフレで売上や利益も増えれば、給料も増やせましたし、銀行からの融資の借り換えもスムーズだった**でしょう。

それどころか、次々と拡大していくことも現在より容易だったでしょう…。でもその錬金術も90年代初頭、昭和の終わりとともに通用しなくなりました。

現在は、土地の値上がりを期待して設備投資を行うと逆に命取り、致命傷になりかねません。値上がりどころか値下がりしたら、担保不足、融資のストップに直結です。

現在は、土地などを対象にしない（土地のウェイトが小さい）設備投資、償却できる資産を対象にした設備投資であれば、その返済原資は減価償却費だけですみます。

そうすると、目指すべきハードル（必要利益）はあまり高くする必要がありません。で、あとは数の多さ（店舗とか）でこなしていけばいいのです。

その借金はもう完済してるかも

最後の最後に、また最悪のことを考えてみましょう。

結果として20年間、土地の借金を返し続けたつもりがまるで減っていなかった会社、いったいどれほどの利息を払ったことになるのでしょう？

1億円を3％平均の金利で払い続けたとなれば…**20年でなんと6千万円！**

じつに簡単な計算で、誰しもわかっているつもりでいるでしょうが、いざこうして文字と数字にしてみると驚くような金額です。

で、この先も返済猶予で利払いだけが当面続くのですが、もし後10年も続けたら…プラス3千万円で30年で9千万円！

1億円の借金に対して、利息だけで30年で9千万円の支払いです。どうでしょうか、ここまで支払ったら、もう返したと同じに考えちゃいけませんかね？

いや、それ（利息）はそれ、これ（元金）はこれだろうって？

もちろんその通りなのですが…。

では、もしここでその会社が破産をしたとしたら、どうなるでしょうか。

融資の残高は1億円のままです。購入したときには1億円の土地が担保になっていますが、現在の相場から競売したとしたらおよそ3分の1の3千万円程度でしょう。

ということは、銀行として1億円引く3千万円で**7千万円の損失の発生**となりますが…でも、**トータルの20年で6千万円もの利息を払ってきたん**ですよ。ってことは、7千万円の損失の前に6千万円も収益を銀行は得ていたわけですから、実質は1千万円の損失ということでどうでしょうか？

当初の貸出銀行と現在の貸出銀行は変わっているから、この屁理屈は通用しませんか？

たしかに。

でも、現在の貸出銀行は、有担保での貸し出し分は3千万円だけ、後の7千万円がすべて保証協会付きだったとしたらどうでしょうか。銀行の実質的な損失はゼロとなりますよ。むしろ**現在の銀行へ支払った利息の分だけ、儲かったことになる**でしょう。

肩代わりした保証協会はどうなるかって？

だって、そのために保証料を支払ってるんじゃないですか！

第5章のまとめ

・借りているお金の利息が払えない状況になったら、打開策がある！

・返済猶予が利息を払えない状況になっても法的手続きの知らせが届くが、対外的には業務に支障はない。

・利息の引き落としの口座に利息の引き落としができるだけの残高を残さないこと。

・返済ができなくても、会社に個人でためたお金のすべてを差し出さないこと。

・借金を完済することはできなくても返済できない状態にならない限りは、銀行の融資は止まらない。

おわりに　借金経営は悪くない

本書を読んでいただきありがとうございました。

いろいろな感想がおありになると思います。なるほどと思われた方、そうなの？と感じた方、そんなバカなとか、何を言ってんだ！（書いてんだ！）とか…。

あなたの答えは見つかりましたでしょうか。

その答えに、絶対的な正解はありません。

ただ、結果として（決算書）、その事実がそこにあるだけです。

返済原資（読後であればその意味はおわかりですね）がない決算書でありながらも、銀行は融資に応じてくれている事実。そして新たな融資先を探している事実。

借り手側に立てば、返済しているにもかかわらず借入金の残高が減っていない事実。減るどころか、逆に増えている事実。赤字だったらまだしも、黒字であるにもかかわらず事業拡大の名のもとに借入残高が増えている事実。

借金経営はまるで悪のように書かれている本も見受けられますし、聞かされたりもします。

でも、善とか悪とかで語られることではありません。すべては程度の問題でしかないのです。借り入れの額や返済が過ぎれば（多すぎれば）バランスが崩れます。

そして、もっとも重要なのは、タイミングが遅いと手遅れになることです。

銀行には、その地域経済に対しての役割として公共性ですとか社会性ですとか言われてはいますが、地域の中小企業が困ったときに融資に応じるのが銀行の役割ではありません。

誰しも、好き好んで借り入れを増やしたがる経営者はあまりいません。

ですが、困ったとき、いよいよとなってから銀行に融資を求めに行っても、それが本当に困ったときであればあるほど、逆に融資に応じてもらえないのが銀行でもあるのです。

なぜなら、銀行は人助けのために融資を行っているのではないからです。

いつ、どんな不測の事態に遭遇するかわからないのが中小企業の経営です。

ほんの少し、早めに（多めに）借りておくだけで、その後の運命が変わってしまうことだってあるのです。

誰も教えてくれないのが「賢い借金経営」です。

私のホームページ（http://www.kozakai-keietsurou.com/）で、最新の資金調達の情報や勉強会の情報などを配信しています。各種無料レポートや無料メルマガもあるのでお気軽にアクセスしてみてください。

みなさんにお会いできるのを楽しみにしています。

小堺　桂悦郎

【著者紹介】

小堺桂悦郎（こざかい・けいえつろう）

◉――元銀行員の資金繰りコンサルタント。過去に100億円以上を金融機関から調達し、数多くの中小企業を救ってきた。

◉――バブル景気といわれた1980年代を通して金融機関の融資係を務める。1989年日経平均株価が史上最高値をつけた日を最後に、税理士事務所に転職。税理士事務所では、バブル崩壊後となる1990年代の大半を資金繰りコンサルティング業務に専任。特に銀行対策を得意とする。

◉――2001年末にコンサルタントとして独立し、有限会社小堺コンサルティング事務所を設立。'借りる技術・返す技術' 指南の専門家として、主に中小企業経営者の立場に立った実践的なコンサルティングが好評を博している。

◉――02年12月『借りる技術　返す技術』（フォレスト出版）で著作活動を開始。06年発売の『なぜ社長のベンツは４ドアなのか？』(フォレスト出版)シリーズは70万部を突破する大ベストセラーに。その他、『晴れた日には銀行から傘を借りよう』（日本実業出版社）、『はじめは中古のＢＭＷに乗りなさい』（幻冬舎）など著作多数。

ホームページ　http://www.kozakai-keietsurou.com
（本では書けない裏マニュアルやメルマガを無料で配信しているほか、勉強会の情報なども掲載）
ブログ　http://ameblo.jp/kozakai-keietsurou-blog

おカネを借《か》り続《つづ》ける経営《けいえい》　〈検印廃止〉

2012年７月23日　第１刷発行
2012年10月５日　第３刷発行

著　者――小堺桂悦郎©
発行者――斉藤　龍男
発行所――株式会社　かんき出版
東京都千代田区麹町4-1-4西脇ビル　〒102-0083
電話　営業部：03(3262)8011㈹　編集部：03(3262)8012㈹
FAX　03(3234)4421　振替　00100-2-62304
http://www.kankidirect.com/

ＤＴＰ――野中　賢（株式会社システムタンク）
印刷所――シナノ書籍印刷株式会社

乱丁・落丁本は小社にてお取り替えいたします。

ISBN978-4-7612-6850-3 C0034